シリーズ刊行にあたって

　近代という特徴的な時代に誕生した学校は、今や産業社会から知識基盤社会へという構造変化のなかで、その役割や位置づけを大きく変えつつあります。一方、2017年に告示された学習指導要領では「社会に開かれた教育課程」という理念のもと、「内容」中心から「資質・能力」育成へと学力論が大幅に拡張され、「主体的・対話的で深い学び」や「カリキュラム・マネジメント」といった考え方も提起されました。

　学習指導要領前文にあるように、そこでは一人一人の子どもが「自分のよさや可能性を認識するとともに、あらゆる他者を価値のある存在として尊重し、多様な人々と協働しながら様々な社会的変化を乗り越え、豊かな人生を切り拓き、持続可能な社会の創り手となること」が目指されています。

　急激に変化し続ける社会情勢のなかで、このような教育の理想をすべての子どもに実現していくことが、これからの学校と教師に期待されているのです。それは確かに要求度の高い困難な仕事ですが、だからこそ生涯をかけて打ち込むに値する夢のある生き方とも言えるでしょう。

　本シリーズは、そんな志を胸に教師を目指されるみなさんが、数々の困難を乗り越え、子どもたちとともにどこまでも学び育つ教師となる、その確かな基礎を培うべく企画されました。各巻の内容はもちろん「教職課程コアカリキュラム」に準拠していますが、さらに教育を巡る国内外の動向を的確に反映すること、各学問分野の特質とおもしろさをわかりやすく伝えることの2点に特に力を入れています。また、読者が問いをもって主体的に学びを深められるよう、各章の冒頭にWORKを位置づけるなどの工夫を施しました。

　教師を目指すすべてのみなさんにとって、本シリーズが、その確かな一歩を踏み出す一助となることを願っています。

2019年2月

監修者　汐見稔幸・奈須正裕

アクティベート教育学
05

汐見稔幸・奈須正裕 [監修]

教育制度を支える教育行政

青木栄一 [編著]

ミネルヴァ書房

　　　　　　はじめに

〈読者のみなさんへ〉
　このテキストは教職課程の学生を主な読者として想定してつくられています。そして欲張りなことに，教職大学院の学生，教職課程の教員，現役の教職員，教育長，教育委員，文部科学省や教育委員会の職員や審議会委員の方々にも役立つようにつくられています。本書は編者である私を含めて18人の研究者と実務家でつくりました。「教育行政」という対象に関心を寄せる研究者が集まり，その多くは教育行政学のトレーニングを受けています。
　このテキストを使う授業科目名は大学によって多様です。「教育行政学」「教育の制度と行政」などとなっているでしょう。実はこの科目は教職課程のなかでもあまり人気のない科目でした。みなさんの先輩方は法規や答申をひたすら解説される授業を文字通り苦行として聴講していたのではないでしょうか。しかし，教育行政学は本来そのような学問分野ではなく，むしろ知的好奇心を刺激してくれます。さらにみなさんにとってより重要なことは，近い将来教員になった時に，みなさんの教員生活を守ってくれる知識と考え方を身につけることのできる学問分野です。単に教え方や教える内容に詳しくなれば，社会人としての教員生活が充実するわけではありません。社会人としての教員，職場としての学校でどのように働くのかという視点を備えて教員になる必要があります。みなさんは企業就職する友人たちほどには業界研究をしていないのではないでしょうか？このテキストは学校教育という「業界」研究の本だと思ってみてください。
　実際に教員になると日々の業務に追い立てられてしまい，何か困ったことがあるとすべて学校の管理職，教育委員会，文部科学省の責任だ！と責任転嫁してしまいがちですが，みなさんにとって必要なのは，どのような「しくみ」で教育制度がつくられているのかを知ることです。教育制度をつくる主体が教育

i

行政組織であって，その働きのことを教育行政と考えてください。そして教育行政が教育制度をつくる際の考え方を教育政策とみなすとよいでしょう。もちろん，教育行政組織だけがこうしたことに関わっているわけではありません。政治（政党，首長，議員）や関係団体も関わっています。このようなメカニズムが学術的に解明されてきたのは実はこの20年ほどのことです。本書の執筆者はそうした新しい時代の教育行政研究に取り組む人たちです。

さて，本書の新しさはテキストの内容だけではありません。その配列にも工夫を凝らしました。第1章から第16章までみなさんになじみ深いものから並べています。それから類書にないのが第11章と第14章です。もちろん教職課程コアカリキュラムに準拠して，学校安全を独立した章にしました（第10章）。

〈本書を教科書として採用していただく担当教員のみなさんへ〉

大学では半期2単位の授業は15回（試験を除く）が標準的な回数です。本書の16章構成を見て驚いたかもしれませんが，全10章や12章構成だと残りの回の教材作成が大変です。そこでそれぞれの章はコンパクトにした上で，担当者の得意分野は1週に1章分，それほどでもない分野は1週に2章分扱うこともできるようにしました。私の場合は第4章と第5章は1週で行うと思います。また，ゲストスピーカーをお招きする際には関連する章をあらかじめ読ませておけば，学修時間の確保にも役立ちます。

本書はシリーズ「アクティベート教育学」のなかの一巻です。その売りがWORKです。いま流行しているアクティブラーニングを本書の分野で試みる時には注意が必要です。何も工夫せずにグループ討議をすると，自分勝手な意見を言い合うだけの無意味な時間が流れます。そこで，各WORKでは必要な情報を提示するか，必要な情報の集め方を明記しました。何より重要なのは基礎的情報や知識です。

この段階でみなさんと共通認識をもっておきたいことがあります。それは平成が終わった日本では少子高齢化社会となり，教育費に十分なお金を割く余裕がなくなったと社会全体が思いこんでいるということです。大まかに言えばお年寄りに対する社会保障費が年間1兆円ずつ増えているのが今の日本社会です。

はじめに

表1　国と地方の歳出構成（2016年度）

(単位：億円)

区分	歳出額（移転後）			歳出総額に占める割合(%)	国の歳出に占める割合(%)	地方歳出に占める割合(%)	各区分の国と地方の歳出割合(%：%)
	国	地方	総額				
機関費（一般行政費等）	44,126	147,202	191,328	11.4	6.2	15.1	23.1：76.9
防衛費	51,345	—	51,345	3.0	7.2	—	100.0：—
国土保全及び開発費	47,973	127,034	175,006	10.4	6.8	13.1	27.4：72.6
地方財政費	4,941		4,941	0.3	0.7		100.0：
産業経済費	48,365	64,442	112,807	6.7	6.8	6.6	42.9：57.1
教育費	30,043	167,389	197,434	11.7	4.2	17.2	15.2：84.8
（学校教育費）	19,483	129,600	149,083	8.9	2.7	13.3	13.1：86.9
（社会教育費）	1,595	12,322	13,917	0.8	0.2	1.3	11.5：88.5
（その他）	8,965	25,467	34,434	2.0	1.3	2.6	26.0：74.0
社会保障関係費	238,166	341,436	579,602	34.4	33.5	35.1	41.1：58.9
恩給費	3,340	117	3,457	0.2	0.5	0.0	96.6：3.4
公債費	221,805	125,719	347,524	20.6	31.2	12.9	63.8：36.2
その他	20,419	3	20,421	1.3	2.9	0.0	99.9：0.0
合計	710,523	973,342	1,683,865	100.0	100.0	100.0	42.2：57.8

注：「各区分の国と地方の歳出割合」は、国と地方の歳出総額（各区分）に占める歳出額の割合である。
出所：総務省『地方財政白書（平成30年版）』2018年より筆者作成。

表2　文部科学省予算（2018年度）

	金額（億円）	構成比（%）
幼稚園就園奨励費	309	0.6
義務教育費国庫負担金	15,248	28.7
教科書購入費	416	0.8
高等学校等就学支援金交付金等	3,668	6.9
高校生等奨学給付金	136	0.3
公立学校施設整備	690	1.3
国立大学法人運営費交付金等	10,970	20.7
国立大学法人等施設整備	410	0.8
国立高専機構運営費	623	1.2
私立高等学校等経常費助成費等補助	1,024	1.9
私立学校施設・設備整備等	102	0.2
私立大学等経常費補助	3,153	5.9
私立大学教育研究活性化設備整備事業	13	0.0
奨学金事業	1,033	1.9
留学生関係予算	369	0.7
スポーツ関係予算	334	0.6
生涯学習等	1,141	2.1
文化芸術関係予算	1,043	2.0
人件費等	2,272	4.3
エネルギー対策費	1,467	2.8
科学技術振興費	8,674	16.3
合計	53,097	100

出所：文部科学省『文部科学白書（平成29年度）』2018年より筆者作成。

それでは，教育にはどのぐらいのお金が使われているのでしょうか。各分野のシェアを示しているのが表1です。そして文部科学省の1年間の予算を表2に示しました。スポーツや文化にはほとんどお金が割けない状態です。そうしたなかでなんとか義務教育を中心とした学校教育にお金を確保しているのが現状です。

　ここで本書のなかで用いる語句の説明をしておきます。本書は新しい時代の教育行政学の用語法を踏襲します。教育には様々な主体が関わり政策が決定されていきます。そういう場をアリーナ（舞台），主体をアクター（演者）と比喩的に表現します。また法令用語としては地方公共団体と言いますが，これを地方自治体と言うことにします。さらに教育では国と地方の関係が重要ですが，それぞれを独立した政府（中央政府と地方政府）とみなして政府間関係（第14章）と言います。これは世界標準の用語法ですので覚えておくとよいでしょう。本書では各国共通の文脈では地方政府を使い，日本の文脈では地方自治体を使います。法律の名称は各章初出時に正式名称を記し，そのあとは略称を用います。

　なお，本書各章の意見の部分は各執筆者の個人的見解を述べたものですので，各人の所属組織の公式見解ではありません。

　読者のみなさんの多くは，教員になることを志し，この本を手に取ったことでしょう。教職課程での学びはともすれば，教え方（How to teach），教授内容（What to teach）が中心となってしまいます。本書はみなさんにとって教職版『会社四季報』（東洋経済新報社）のようなものです。教育の「しくみ」の学習を通じて，みなさんにとって意味のある教職の「業界研究」をしてみてください。

2019年2月

青木栄一

目　次

はじめに

第 1 章　教員行政　　1
養成期から採用後までの制度概説

1. 学校に配置される教員の種類と仕事内容 …………………………… 3
2. 教員の養成と採用：教員免許状と教員採用選考 ………………… 6
3. 教員として守らなければならない義務 ……………………………… 8
4. 教員行政をめぐる現代的課題 ………………………………………… 10
    1. 教員の長時間労働　10
    2. 教員の年齢構成の偏り　12
    3. 教員採用選考の倍率低下と教員不足　13

第 2 章　就学前教育行政と幼稚園・保育所・認定こども園　　17
生涯学習の基礎を培うための制度運営

1. 就学前教育制度の理念 ………………………………………………… 19
    1. 国内法から見る就学前教育制度の理念　19
    2. 条約から見る就学前教育制度の理念　20
    3. 世界的な就学前教育制度改革の潮流　20
2. 幼稚園に関する制度・行財政 ………………………………………… 21
    1. 幼稚園に関する制度　21
    2. 幼稚園行財政　22
    3. 幼稚園制度の歴史　23
3. 保育所に関する制度・行財政 ………………………………………… 23
    1. 保育所に関する制度　23
    2. 保育行財政　24

　　　　　3　保育制度の歴史　25
　　4　「幼保一体化」を理念とした就学前教育制度改革 ················ 26
　　　　　1　社会的状況から見た園児数・入所児数の推移　26
　　　　　2　政策的背景から見た園児数・入所児数の推移　26
　　　　　3　「幼保一体化」を目指した認定こども園の誕生　28
　　5　就学前教育行政に関する動向 ··· 29

第3章　初等中等教育行政と学校　　31
学校制度の歴史的展開と初等中等教育の意味

　　1　初等中等教育行政の対象となる学校 ·· 33
　　　　　1　多様な教育施設のなかの初等中等教育行政の対象　33
　　　　　2　高専の位置づけを通して見る初等中等教育の特徴　34
　　2　初等教育／中等教育の区分の歴史的展開 ································· 36
　　　　　1　学校体系の類型と歴史的展開　36
　　　　　2　学校系統から教育段階へ　38
　　3　戦後日本の中等教育制度の展開 ··· 38
　　　　　1　中等教育の開放性と選別性　38
　　　　　2　高校政策をめぐる中等教育観の葛藤　39
　　4　中高一貫教育と小中一貫教育 ··· 41
　　　　　1　中高一貫教育　41
　　　　　2　小中一貫教育　41

第4章　高等教育・私立学校行政と学校　　45
学校の設置主体としての「法人」のもつ意味

　　1　学校の設置者としての法人 ·· 47
　　　　　1　公益法人としての法人　47
　　　　　2　法人としての視点が重要な理由　48
　　2　私立学校と学校法人 ··· 50

- 1 私立学校と所轄庁 50
- 2 私立学校をつくるには 50
- 3 高校以下の私立学校 51
- 4 高校以下の私立学校をめぐる行政と財政の構造 52

3 高等教育機関と法人 ……………………………………………… 54
- 1 国立大学と国立大学法人 54
- 2 公立大学と公立大学法人 55
- 3 私立大学と学校法人 57

第5章 特別支援教育と学校・学校外教育 　　　　　　　61
変動する教育機会の保障と教育制度

1 特別支援教育の制度と行政 ……………………………………… 63
- 1 特別支援教育の制度 63
- 2 特別支援教育の行政 66

2 学校・学校外教育の境界とその揺れ動き ……………………… 69
- 1 一条校とそれ以外の場での教育に関する制度 69
- 2 不登校児に関する教育行政 70

第6章 教育課程行政　　　　　　　　　　　　　　　　　75
学習指導要領を「使いこなす」ということ

1 「教育課程行政」の意味 ………………………………………… 77
2 公教育への信頼と支援の好循環の確立と学習指導要領 ……… 78
3 60年にわたる学習指導要領改訂の変遷 ……………………… 80
4 学習指導要領改訂のアクターとプロセス ……………………… 82
5 カリキュラム・マネジメントと教育課程行政 ………………… 85
6 未来社会に向けて学習指導要領を「使いこなす」こと ……… 87

第7章　教育委員会と学校　　　　　　　　　　91
公立学校の管理・運営

1　学校教育における「ルール」とその「運用」……………… 93
2　学校の設置と管理，費用負担 ……………………………… 94
3　学校管理規則 ………………………………………………… 95
4　学校の自律的経営 …………………………………………… 97
　　1　学校裁量権の拡大　97
　　2　教員人事　98
　　3　学校財務　99
5　教員の専門的能力と裁量性 ………………………………… 101

第8章　学校と外部環境　　　　　　　　　　105
学校と地域の連携

1　学校と地域の連携を進める2000年代の政策展開 ………… 108
　　1　学校運営への保護者・地域住民の参加　108
　　2　学校支援ボランティアを進める政策と実践の展開　110
2　学校と地域の連携に関わる近年の法改正 ………………… 112
3　学校・家庭・地域の連携の全国化で大事にしたいこと ……… 114

第9章　学校施設・学校統廃合　　　　　　　　117
縮小社会のなかの教育環境整備

1　少子化時代の小・中学校整備 ……………………………… 119
　　1　学校数，児童生徒数の変遷　119
　　2　学校施設の整備事業に関する制度　120
2　学校統廃合を取り巻く社会経済的状況 …………………… 122
　　1　学校統廃合をめぐる政策動向　122
　　2　学校統廃合による学校規模への影響　123

　　　　3　学校統廃合を取り巻く経済的環境　124
　　　　4　学校統廃合を取り巻く社会的背景　125
　3　学校施設の長寿命化，耐震化 …………………………………………126

第10章　学校安全　　　　　　　　　　　　　　　　　　　　129
　　　　　　　　　「安心・安全な毎日」を当たり前にするために

　1　学校安全に係る制度・行政 ……………………………………………131
　　　　1　学校安全への視点　131
　　　　2　学校安全における学校の役割　132
　　　　3　学校安全における教育委員会の役割　133
　2　学校事故 …………………………………………………………………134
　　　　1　学校事故のデータ　134
　　　　2　学校事故の具体的な内容　134
　　　　3　学校事故を防ぐための対策　135
　3　学校安全といじめ・不登校 ……………………………………………136
　4　学校の災害安全 …………………………………………………………137
　　　　1　災害発生後の時期区分と時期ごとの課題　137
　　　　2　災害の具体例　138
　　　　3　防災教育　139
　　　　4　避難所運営　140

第11章　地方教育政治　　　　　　　　　　　　　　　　　　143
　　　　　　　　　　　教育と政治の関わりについて考える

　1　なぜ地方教育政治を学ぶのか …………………………………………145
　2　教育行政における首長と議会の役割 …………………………………147
　　　　1　首長の権限と役割　147
　　　　2　選挙における教育政策と公約　149
　　　　3　議会の権限と役割　151

4　誰が自治体の教育政策を決めているのか　152
　3　教育と政治の関係をめぐる論点……………………………………155
　　　1　教育政策における「民意」をどう見るか　155
　　　2　教育は政治とどう向き合うか　157

第12章　地方教育行政　　161
　　　　　　　　　　　　　　　教育施策はどのように決められているか

　1　地方教育行政の理念としくみ………………………………………163
　　　1　地方教育行政とは何か　163
　　　2　地方教育行政に関わる人々　166
　2　教育委員会における施策の決定・実施過程………………………169
　3　教育委員会の新たな取り組みと今後の課題………………………171

第13章　教育財政　　173
　　　　　　　　　　　　　　　無限の目標と有限の資源を結ぶしくみ

　1　教育財政支出の概況…………………………………………………175
　　　1　教育支出額の現状　175
　　　2　国と地方の教育費支出の内訳　176
　　　3　比較のなかの日本の教育財政支出　**177**
　2　なぜ財政負担が必要なのか…………………………………………179
　　　1　公財政負担の正当性　179
　　　2　教育費の範囲　180
　3　初等中等教育に関わる財政のしくみ………………………………181
　　　1　政府間財政移転制度——財源保障と平衡化　181
　　　2　教職員定数と給与水準の条件基準法制——教育条件の標準化　183
　　　3　1960〜70年代における教育財政拡充策——教育条件のさらなる拡充　184
　　　4　初等中等教育に関わる教育財政制度の見直し　185

4　「教育費」と「教育機会」の再考 ································· 187

第14章　政府間関係　　　　　　　　　　　　　　　　189
　　　　　　　　　　　　　　中央政府と地方政府の関わり

　1　政府間関係の概念的理解 ····································· 191
　2　地方政府の自律性 ·· 193
　3　地方政府の政策選択 ·· 195
　　　1　首長・議会との関係　196
　　　2　政策の相互参照　196
　4　地方分権改革 ·· 197
　　　1　機関委任事務の廃止　198
　　　2　国の関与の見直し　199
　5　出向人事 ·· 200

第15章　中央政府　　　　　　　　　　　　　　　　　　205
　　　　　　　　　　　　　全国的な教育水準保障のための条件整備

　1　中央政府の役割 ·· 207
　　　1　均等な教育機会の保障　207
　　　2　何をどこまで中央政府が責任を負うべきなのか　209
　2　中央政府の組織 ·· 210
　　　1　文部科学省の組織　210
　　　2　文部科学省で働く公務員　210
　　　3　内部組織の編制――「タテ割り」と「ヨコ割り」　212
　　　4　調査を基盤とした政策立案機能の強化――新たな「ヨコ割り」組織　213
　3　教育政策の企画立案の実際：教職員定数の充実に着目して ···· 214
　　　1　教職員定数の充実　214
　　　2　財務課長の一年と一日　215

3　教育政策の企画立案に関わる制度と組織　215

第16章　教育制度の法体系と原理　221
　　　　　　　　　　　　　　　教育の機会均等の実現に向けて

1　日本国憲法における教育関連規定……………………………………223
　　　1　「教育を受ける権利」の意味　223
　　　2　「教育を受けさせる義務」の意味　224
2　教育基本法……………………………………………………………226
　　　1　旧教育基本法の特徴　226
　　　2　新教育基本法の内容　227
3　「教育の機会均等」の今日的課題と思想的展開………………………229
　　　1　「教育の機会均等」をめぐる近年の政策課題　229
　　　2　「教育の機会均等」理念の再構築　231

---- 本シリーズの特徴 ----

シリーズ「アクティベート教育学」では，読者のみなさんが主体的・対話的で深い学びを成就できるよう，以下のような特徴を設けています。

●学びのポイント

各章の扉に，押さえてほしい要点を簡潔に示しています。これから学ぶ内容の「ポイント」を押さえたうえで読み進めることで，理解を深められます。

●WORK

各章の冒頭に「WORK」を設けています。主体的・対話的に WORK に取り組むことで，より関心をもって学びに入っていけるように工夫されています。

●導　入

本論に入る前に，各章の内容へと誘う「導入」を設けています。ここで当該章の概要や内容理解を深めるための視点が示されています。

●まとめ

章末には，学んだ内容を振り返る「まとめ」を設けています。

●さらに学びたい人のために

当該章の内容をさらに深めることができる書籍等をいくつか取り上げ，それぞれに対して概要やおすすめポイントなどを紹介しています。

●カリキュラム対応表

目次構成と教職課程コアカリキュラムの対応表を弊社ウェブサイトに掲載しています。詳細は，以下の URL から各巻のページに入りご覧ください。

〈https://www.minervashobo.co.jp/search/s13003.html〉

第1章

教員行政
——養成期から採用後までの制度概説——

● ● ● 学びのポイント ● ● ●

- 学校には，役割に応じて多様な種類の教員が配置されていることを学ぶ。
- 教員免許状の種類と教員採用選考の特徴について学ぶ。
- 教員が仕事を行う上で守らなければならない義務（服務義務）について学ぶ。
- 教員行政に関わる現代的課題として，教員の長時間労働，教員の年齢構成の偏り，教員採用選考の倍率低下と教員不足について理解を深める。

WORK　教員の仕事について学ぼう

1．教員について各自で思い出してみよう
　これまでみなさんが通った小学校，中学校，高等学校を思い出し，学校にいた教員の種類（例えば，校長など）を可能な限り書き出してみましょう。

2．教員の仕事についてグループで話し合おう
　次に，各自が書き出したものをグループで共有し，その上で，それぞれの教員が行う仕事は何か，議論してみましょう。

3．教員の仕事について調べてみよう
　都道府県・市町村が運営するウェブサイトのなかには，教員の一日を紹介する資料が公開されています。例えば，東京都が運営する「東京都公立学校教員採用案内」（http://www.kyoinsenko-metro-tokyo.jp/teacher_message）には，「東京の先生の1日（小学校）」が掲載されています。また，大阪府が運営する「大阪府公立学校教員募集!!　学校等紹介ムービー」（http://www.pref.osaka.lg.jp/kyoshokuin/kyosai/kyosai_prmovie.html）には，小学校，中学校，高等学校，特別支援学校それぞれの教員の仕事を紹介する動画が掲載されています。これらの動画などを用いて教員の仕事について調べてみましょう。

4．調べたことをもとに教員の仕事について考えよう
　3．で調べたことと2．においてグループで議論した教員の仕事と見比べてみましょう。2．で議論に出なかった教員の仕事がある場合は，それは何ですか。逆に，2．の議論で出たが，参照した資料に描かれていなかった教員の仕事がある場合，さらにその教員の仕事について調べてみましょう。

● 導　入 ● ● ● ● ● ● ●
　第1節では，学校に配置される代表的な教員とそれぞれの仕事内容について，法令と調査データを示しながら説明します。第2節では，教員になる前の養成・採用段階に関する制度として，教員免許状と教員採用選考の2つに着目します。第3節では，教員に採用された後に，実際に教員として仕事をする上で守らなければならない義務について，関連制度を学びます。最後に，第4節では，教員行政をめぐる現代的課題として，①教員の長時間労働，②教員の年齢構成の偏り，③教員採用選考の倍率低下と教員不足の3つを取り上げます。

【担当部門】
　文部科学省（総合教育政策局教育人材政策課，初等中等教育局財務課），都道府県教育委員会教職員課
【重要法令】
　学校教育法，教育公務員特例法，公立の義務教育諸学校等の教育職員の給与等に関する特別措置法
【重要答申類】
　中央教育審議会「チームとしての学校の在り方と今後の改善方策について（答申）」（平成27年12月21日）
　中央教育審議会「これからの学校教育を担う教員の資質能力の向上について（答申）」（平成27年12月21日）
　中央教育審議会「新しい時代の教育に向けた持続可能な学校指導・運営体制の構築のための学校における働き方改革に関する総合的な方策について（答申）」（平成31年1月25日）

1　学校に配置される教員の種類と仕事内容

　教員というと，各教科や学級担任を担当する教員がまず思い浮かぶかもしれません。しかし学校には，これ以外にも多様な種類の教員が配置されています。表1-1は，学校教育法に規定される代表的な教員の名称とそれぞれの仕事内容，各教員の公立学校勤務者数（本務者）を示しています。さらに，図1-1は

表1-1 学校に配置される教員の種類と教員数

職　名	仕事内容 (学校教育法第37条)	教員数（公立・本務者）			
		小学校	中学校	高等学校	特別支援学校
校　長	校務をつかさどり，所属職員を監督する。	19,085	9,049	3,472	974
副校長	校長を助け，命を受けて校務をつかさどる。	1,803	936	748	266
教　頭	校長（副校長を置く学校の場合，校長及び副校長）を助け，校務を整理し，及び必要に応じ児童の教育をつかさどる。	17,927	8,916	4,640	1,432
主幹教諭	校長（副校長を置く学校の場合，校長及び副校長）及び教頭を助け，命を受けて校務の一部を整理し，並びに児童の教育をつかさどる。	10,072	6,424	3,546	1,390
指導教諭	児童の教育をつかさどり，並びに教諭その他の職員に対して，教育指導の改善及び充実のために必要な指導及び助言を行う。	1,172	682	518	139
教　諭	児童の教育をつかさどる。	307,357	177,266	141,997	65,535
養護教諭	児童の養護をつかさどる。	19,399	9,204	4,680	1,711
栄養教諭	児童の栄養の指導及び管理をつかさどる。	4,414	1,431	7	447

注：教員数は「平成30年度学校基本調査」の数値（2018年12月25日時点）。
出所：筆者作成。

関東地方で行われた調査結果[*1]に基づいて，小・中学校の校長，副校長・教頭，教諭，それぞれの一日の仕事についてまとめたものです。

表1-1と図1-1から，学校に配置される教員は，次の2つに大別することができます。第一に，児童生徒への教育指導を中心的に担う教員です。表1-1のなかでは，教諭がその代表例です。図1-1より，小・中学校ともに，校長や副校長・教頭に比べて，教諭は正規の教育課程に基づく教育活動，つまり学習指導要領が定める各教科の授業や特別活動としての指導に費やす時間が長いです。さらに，授業や特別活動以外の教育活動[*2]，授業準備，丸つけやノート点検などの成績処理にも多くの時間を費やしています。また，教諭以外にも，

---

*1　青木栄一・神林寿幸「2006年度文部科学省『教員勤務実態調査』以後における教員の労働時間の変容」『東北大学大学院教育学研究科研究年報』62(1)，2013年，pp. 17-44を参照。
*2　具体的には，放課後の補習指導，生活指導，中学校の部活動指導があげられる。

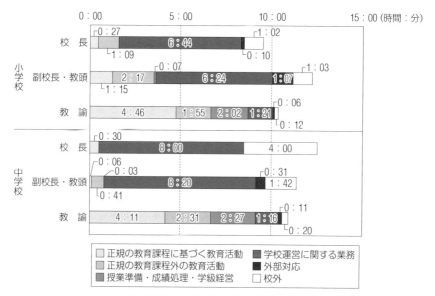

図1-1 小・中学校の校長，副校長・教頭，教諭の勤務日一日の仕事内容
出所：青木・神林，2013年より筆者作成。

養護教諭は児童生徒に対して保健に関する指導を行い，栄養教諭は食や栄養に関する指導を行っています。

　第二に，管理職として，主に学校経営を担う教員です。代表的なものには，学校の最高責任者である校長のほか，学校教育法で校長の補佐役として定められている副校長や教頭があげられます。図1-1が示すように，小・中学校ともに，教諭に比べて校長や副校長・教頭では，一日の仕事のなかで，学校運営に関する業務の占める割合が大きくなっています。この学校運営に関する業務とは，学校での教育目標や教育計画の策定，施設・設備の管理，教職員や児童生徒の管理のほか，教育委員会に学校の様子などを報告する資料の作成といったものです。さらに，校長は学校の代表として，校外で行われる会議や打合せに出席することが多くあります。また，副校長・教頭は校長や教諭に比べて外部対応，つまり来校する保護者や業者などの応対にあたる時間が長いのが特徴的です。

　これらの教員以外に，表1-1には主幹教諭と指導教諭という種類の教員が

見受けられます。これらの教員は，児童生徒の教育を行う教諭層をリードする存在であるとともに，管理職である校長，副校長・教頭をサポートする，いわばミドルリーダー（中間管理職）として位置づけられています[*3]。

2 教員の養成と採用：教員免許状と教員採用選考

教員になるためには，まず教員免許状を取得する必要があります。教員免許状には，大きく普通免許状，特別免許状，臨時免許状の3種類があります。

普通免許状とは，一般に大学等で開講される教職課程[*4]を修了して取得することができる免許状です。我が国の教員養成は，戦前，教員養成を目的とする師範学校などで行われていました。しかし戦後の日本では，幅広い視野と高い専門的知識・技能をもった多様な人材を教員として採用するために，教員養成を大学で行うという「大学による教員養成」の原則と，大学や学部の種類に関係なく，教職課程を履修できる「開放制の教員養成」の原則を導入しました[*5]。

普通免許状は学校の種類ごとに，幼稚園，小学校，中学校，高等学校，特別支援学校のものがあり，そして教員の種類別に教諭，養護教諭，栄養教諭の免許状があります。さらに中学校と高等学校の教諭については，各教科で免許状が発行されます。また，普通免許状は学歴に応じて，専修免許状（大学院修士課程修了程度），一種免許状（大学卒業程度），二種免許状（短期大学卒業程度）の3種類に分けられます[*6]。なお普通免許状は，授与された都道府県に関係なく，全国で10年間有効であり，引き続き教員として働くためには，教員免許状更新講習を受講し修了する必要があります（注：2022年に廃止）。

特別免許状とは，普通免許状をもっていないが優れた知識経験をもつ社会人

---

*3 畑中大路「主幹教諭・指導教諭がミドルリーダーとして機能するために」『教職研修』554, 2018年, pp. 27-28を参照。
*4 普通免許状取得に必要な単位数については，千葉県教育委員会「教員免許状取得に必要な単位等の御案内」 https://www.pref.chiba.lg.jp/kyouiku/syokuin/menkyo/menkyoshutoku.html （2019年2月10日閲覧）が詳しい。
*5 中央教育審議会「今後の教員養成・免許制度の在り方について（答申）」 http://www.mext.go.jp/b_menu/shingi/chukyo/chukyo0/toushin/attach/1337002.htm （2019年2月10日閲覧）。
*6 高等学校教員の普通免許状は，専修免許状と一種免許状に限られる。

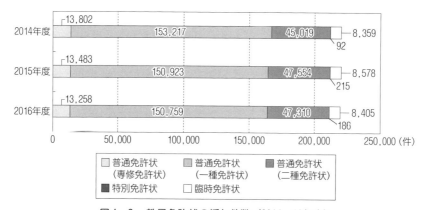

図1-2　教員免許状の授与件数（2014〜16年度）
出所：文部科学省「平成28年度教員免許状授与件数等調査結果について」より筆者作成。

を広く教員として採用するために設けられたものです。[*7]特別免許状を取得するためには，都道府県教育委員会の行う教育職員検定に合格する必要がありますが，普通免許状と異なり，特別免許状は授与された都道府県内でのみ有効です。これまでも英会話学校講師やスポーツ選手などに特別免許状が授与され，多様な人材を教員として採用してきました。[*8]しかし図1-2が示すように，特別免許状の授与件数は他の免許状に比べて少ないと言えます。

臨時免許状とは，普通免許状をもつ者を採用することができない場合に限って，都道府県教育委員会が教育職員検定の合格者に付与するものです。[*9]臨時免許状は，免許状を授与した都道府県内で3年間効力があります。高等学校における情報科のように，授業時数が少ない科目の担当を，臨時免許状を保有する教員にあてる傾向が報告されています。[*10]

そして，普通免許状を取得した場合，教員として採用されるためには，教員

---

* 7　文部科学省「特別免許状制度について」 http://www.mext.go.jp/component/a_menu/education/detail/__icsFiles/afieldfile/2016/03/09/1348574_1_1.pdf（2019年2月10日閲覧）を参照。
* 8　文部科学省「特別免許状の活用事例」 http://www.mext.go.jp/component/a_menu/education/detail/__icsFiles/afieldfile/2017/05/11/1385304_007.pdf（2019年2月10日閲覧）。
* 9　文部科学省「教員免許制度の概要」 http://www.mext.go.jp/a_menu/shotou/kyoin/__icsFiles/afieldfile/2014/02/20/1339300_1.pdf（2019年2月10日閲覧）を参照。
* 10　中山泰一ほか「高等学校情報科における教科担任の現状」『情報処理学会論文誌』3(2)，2017年，pp. 1-7を参照。

採用選考に合格しなければならず，例えば公立の小中学校教員になるためには，都道府県あるいは政令市が行う教員採用選考に合格する必要があります。教員採用選考は，教員免許状取得者という特定の候補者のなかから，教員としてふさわしい能力がある者を選定します。この点で，受験資格に免許を要件とせず，不特定多数のなかから適任者を選ぶという一般公務員の選抜方法と異なります[*11]。

3 教員として守らなければならない義務

政令市を除く公立小・中学校の教員として採用されると，給与の支払いは都道府県から受けますが，勤務する学校のある市町村の監督のもとで，教員としての仕事を行うことになります[*12]。そして，教員の仕事を行う上で守らなければならない義務（服務義務）があります。例えば，勤務時間中・勤務場所においては，法令や上司の命令に従うこと，職務に専念することが義務づけられます。さらに，公立学校教員については，公務員としての身分をもつので，仕事を行う際に知った秘密を守る義務が課され，公務員の信用を失わせる行為（信用失墜行為）や争議行為は禁止され，特定の選挙候補者を応援するような政治的行為を行うことも制限されています[*13]。

さらに，教育基本法第9条に「自己の崇高な使命を深く自覚し，絶えず研究と修養に励み，その職責の遂行に努めなければならない」とあるように，教員には研修が求められます。教員研修には，自身の資質能力を向上させるために，自主的に行われる研修もありますが，職務の一環として行われる研修もあります。例えば，新規採用教員は，学級や教科を担当しながら校内外で初任者研修を受けなければならず，採用後10年前後には中堅教諭等資質向上研修を受けな

---

*11 大阪府「専門用語を解説！（任用関係）」http://www.pref.osaka.lg.jp/jinji-i/kaisetsu/ninyo.html（2019年2月10日閲覧）を参照。
*12 このようなしくみを県費負担教職員制度という。本書第13章もあわせて参照されたい。
*13 教員の政治的行為の制限については，他の地方公務員と異なり，国家公務員法が適用される。地方公務員の場合，勤務地を離れれば，政治的行為を行うことが可能だが，教員の場合は，勤務地の内外を問わず，政治的行為が制限されている。これによって，教育の政治的中立性を確保しようとするねらいがある（文部科学省初等中等教育局長通知「教職員等の選挙運動の禁止等について（通知）」（平成15年1月27日）。

表1-2 教育職員の懲戒処分の状況（2017年度）

懲戒処分の理由	懲戒処分の種類				合計
	免職	停職	減給	戒告	
交通違反・交通事故	28	29	57	103	217
体罰	0	14	62	45	121
わいせつ行為	120	57	9	1	187
個人情報の不適切な取り扱い	0	5	9	15	29
その他	45	75	62	41	223
合計	193	180	199	205	777

出所：文部科学省「平成29年度公立学校教職員の人事行政状況調査について（概要）」より筆者作成。

ければなりません。また，新任校長や新任副校長・教頭を対象とした研修や生徒指導などの教育課題に関する研修も開講されています[*14]。さらに，2016年の教育公務員特例法改正により，都道府県・政令市には，当該自治体の校長や教員に求められる資質能力をまとめた「校長及び教員の資質向上に関する指標」（教員育成指標）の作成が義務づけられました[*15]。今後都道府県・政令市には，策定した教員育成指標をもとに，研修を企画運営することが求められます。

　以上のような教員としての服務義務を守れなかった場合，その責任追及として，教員には懲戒処分がくだります。懲戒処分には，処分の軽いものから，①戒告（職員の規律違反の責任を確認し戒める処分），②減給（職員の給与を一定期間減額する処分），③停職（職員を一定期間職務に従事させない処分），④免職（職員としての身分を失わせる処分）の4つがあります[*16]。表1-2は，文部科学省の「公立学校教職員の人事行政状況調査」（2017年度）より，同年度の教育職員の懲戒処

---

*14　都道府県・政令市で行われる研修については，各都道府県・政令市の教育センターのウェブサイトを参照のこと。例えば東京都については，東京都教職員研修センターのウェブサイト http://www.kyoiku-kensyu.metro.tokyo.jp/（2019年2月10日閲覧）を参照されたい。

*15　例えば，東京都教育委員会「『東京都公立学校の校長・副校長及び教員としての資質の向上に関する指標』の策定について」http://www.kyoiku.metro.tokyo.jp/press/press_release/2017/files/release20170727_01/besshi02.pdf（2019年2月10日閲覧）などを参照。

*16　大阪市環境局環境事業センター業務改革検討委員会「地方公務員における分限処分と懲戒処分（第2回配付資料）」2008年　http://www.city.osaka.lg.jp/kankyo/cmsfiles/contents/0000004/4735/20080704_shiryo.pdf（2019年2月10日閲覧）を参照。

分の状況をまとめたものです。懲戒処分のなかで最も重い免職の理由として，わいせつ行為が最も多くなっています。

　また，懲戒処分とは別に，例えば，教員評価の結果[*17]，勤務実績が良くない場合や心身の健康を損ねた場合などに職員の身分を変化させる処分があります。これを分限処分と言います[*18]。分限処分には，降任（現在の職階よりも下位の職階に降ろすこと），免職（本人の意思に反して退職させること），休職（職員の身分を保有させたまま，職務に従事させないこと）があります[*19]。

4　教員行政をめぐる現代的課題

1　教員の長時間労働

　公立学校教員の勤務時間は，都道府県の条例で一日あたり7時間45分と定められています。しかし図1-1が示すように，公立小・中学校教員は勤務時間を超えて働く実態があります。図1-3は，2016年に文部科学省が行った「教員勤務実態調査」の結果ですが，小学校教員の約3割，中学校教員の約6割が週60時間以上を学校で勤務していることが示され，報道等でも取り上げられました。この週60時間の勤務というのは，いわゆる過労死ライン相当，つまり脳・心臓疾患になるリスクが高まる発症2～6か月前の残業時間が月平均で80時間に及ぶ働き方を意味します[*20]。健康の観点から，教員の長時間労働は看過できないものと言えます。

---

*17　教員評価はおおむね「自己申告による目標管理」と「勤務評価」より構成される。前者は，各教員が管理職との面談によって自己目標を設定し，その後設定した自己目標を評価するもので，後者は，管理職が教員の能力や意欲，目標管理の成果によって評価するものである（諏訪英広「教員評価における目標管理の効果及びその影響要因に関する検討」『日本教育経営学会紀要』57，2015年，pp. 94-109）。

*18　学校管理運営法令研究会（編著）『第六次全訂 新学校管理読本』第一法規，2018年，pp. 784-785。

*19　人事院「分限制度の概要」http://www.jinji.go.jp/saiyo/jinji_top/ninmen/2-bungen.pdf（2019年2月10日閲覧）を参照。

*20　厚生労働省「過労死等防止啓発パンフレット」https://www.mhlw.go.jp/file/04-Houdouhappyou-11202000-Roudoukijunkyoku-Kantokuka/0000138040_1.pdf（2019年2月10日閲覧）を参照。

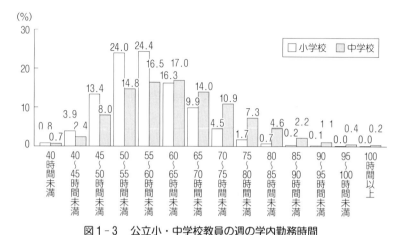

図1-3　公立小・中学校教員の週の学内勤務時間
出所：文部科学省「教員勤務実態調査（平成28年度）の分析結果及び確定値の公表について（概要）」より筆者作成。

　さらに、こうした教員の長時間労働が社会的に注目される背景の一つには、「公立の義務教育諸学校等の教育職員の給与等に関する特別措置法」（以下、給特法）の存在があります。給特法では、原則教員には時間外勤務を命じないとしていますが、ただし次の4つの場合に限って、例外的に教員に時間外勤務を命ずることができることを定めました。①児童生徒の実習に関する業務、②学校行事に関する業務、③職員会議に関する業務、④非常災害の場合、児童生徒の指導に関し緊急の措置を必要とする場合の4つです（超勤4項目）。しかし、図1-1や図1-3が示すように、ほとんどの教員が時間外勤務を行っています。また、表1-3の札幌市教育委員会が実施した教員の時間外勤務の内容に関する調査結果が示すように、時間外勤務として行った業務は、必ずしも超勤4項目に該当しないことも読み取れます。

　さらに、一般に勤務時間を超えて働いた場合、つまり時間外勤務（残業）が発生した場合には、時間外勤務手当が支給されます。しかし、公立学校教員については、給特法によって、時間外勤務手当は支給されません。その代わりに、公立学校教員には、給料月額の4％相当額を基準に都道府県の条例が定めた教職調整額が支給されます。教員の仕事は、教育という教員の自発性と創造性が

表1-3　時間外勤務の内容

	小学校		中学校	
1	授業準備	(49.4%)	成績処理	(42.7%)
2	成績処理	(48.8%)	授業準備	(39.2%)
3	学年・学級経営	(32.6%)	部活動・クラブ活動	(33.9%)

出所：札幌市教育委員会学校教育部教職員課「教員の勤務実態調査結果」2016年より筆者作成。

期待されるものです。教員の自発的判断から，必要に応じて校外でも職務に従事しています（例えば，教材研究や家庭訪問など）。そのため，戦後間もない1940年代後半から，教員には，他の官庁や企業等で行われる職場での勤務時間管理の方法はなじまず，時間外勤務手当の算定も困難であるとされてきました。しかし，1950～60年代に，教員の時間外勤務手当支給を求める訴訟が各地で起こり教員の待遇改善を求める声が高まり，1971年の給特法成立と教職調整額制度の創設というかたちで一つの着地点を見出しました[21][22]。しかし成立から約半世紀が経過した給特法に対して，今日の教員の働き方の実態にあわせて改正や廃止を求める声もあります[23]。

2 教員の年齢構成の偏り

近年，教員の年齢構成の偏りも課題となっています。図1-4は，文部科学省が行った「学校教員統計調査」（2016年度）の結果をもとに，小・中学校教員の年齢構成をまとめたものです。図1-4より，小・中学校ともに，50代と教職歴10年未満の20代～30代前半までの教員が多く，他方で30代後半～40代という中堅層が少ないことが読み取れます。このように教員の年齢構成に偏りが生

---

[21]　宮地茂（監修）『教育職員の給与特別措置法解説』第一法規出版，1971年。
[22]　さらに，1974年に教員給与は他の地方公務員の水準より優遇させることを定めた「学校水準の維持向上のための義務教育諸学校の教育職員の人材確保に関する特別措置法」（人確法）が成立した。1971年の中央教育審議会「今後における学校教育の総合的な拡充整備のための基本的施策について（答申）」で優秀な人材を教員として採用するために，教員給与の優遇措置を講じる必要性が提唱されたことを受けたものである。
[23]　中澤篤史「部活動顧問教師の労働問題」『日本労働研究雑誌』688，2017年，pp. 85-94など。

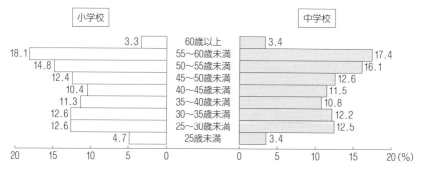

図 1-4　教員の年齢構成（2016年度）
出所：文部科学省「学校教員統計調査（平成28年度）」より筆者作成。

じた背景には，各都道府県・政令市が将来的な児童生徒数の増減を予測しながら，教員採用数を決定してきたことがあります[*24]。児童生徒数の増加が見込まれる場合には採用数を多くし，逆に児童生徒数が減少することが予想される場合には，採用数を減少させるというものです。

現行の60歳定年を考えた場合，2020年頃までに，割合としても多い現在50代後半である教員の大半が退職を迎えます。これに加えて，現在30代後半〜40代である中堅教員の数も少ないために，若手教員への指導を担える教員が不足することが考えられます。このような中堅層が少ないという教員の年齢構成の偏りによって，指導技術や知識の継承が難しく，教員の人材育成が厳しい状況にあることが懸念されています[*25]。

3　教員採用選考の倍率低下と教員不足

図 1-5 は，2008〜17年度の過去10年間における公立小・中学校・高等学校の教員採用選考の採用者数と受験者数をまとめたものです。この図より，団塊世代教員の大量退職に伴い採用者数は増加傾向にありますが，一方で教員採用

---

*24　山崎博教『教員採用の過去と現在』玉川大学出版部，1998年。
*25　白井智美「学校組織の現状と人材育成の問題」『日本教育経営学会紀要』58，2016年，pp. 2-12など。

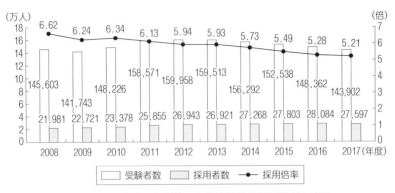

図1-5　公立小・中学校・高等学校教員採用選考の状況
出所：文部科学省「平成29年度公立学校教員採用選考試験の実施状況について」より筆者作成。

選考の受験者数は減少傾向にあり，採用倍率の低下傾向がうかがえます。全国各地で教員不足が進み，授業ができない自治体も発生しています。この背景には，好景気による教員志望者の減少も考えられますが，長時間労働など過酷な勤務状況による教員の魅力の低下が指摘されています。[*26][*27][*28]

教員不足を受けて，文部科学省は各都道府県・政令市に対して，普通免許状を取得したものの免許状が失効してしまった退職教員や，民間企業労働者に臨時免許状を付与することを認める方針を示しました。[*29]教員の量と質の双方を担保することが，今後の教員行政にとって重要な課題と言えます。

　まとめ

　我が国の教員は多様な役割を担っており，これは教員に対する社会からの期待の大きさを表すものと考えられます。そのため，養成・採用・研修の各段階で，資質能力を高めることが求められ，守らなければならない義務も法令で定められています。しかし，教員の長時間労働や教員不足など，教員行政は大きな局面を迎えています。教育課題が複雑・多様化するなかで，これまでの教員の役割を考え直し，社

---

*26　2018年度北海道公立小学校教員採用選考の倍率では，1.5倍と初めて1倍台に落ち込んだ（「小学教員試験1倍台」『読売新聞』2018年11月9日付朝刊）。
*27　「教員不足11道県市で500人公立小中授業行えぬ例も」『読売新聞』2018年8月3日付朝刊。
*28　山田浩之「「教員の資質低下」という幻想」『教育学研究』80(4)，2013年，pp. 453-465を参照。
*29　「教員不足に臨時免許対応」『日本経済新聞』2018年10月17日付夕刊。

会の要請にあった教員を確保していくことが，教員行政に問われていると言えるでしょう。

 さらに学びたい人のために

○神林寿幸『公立小・中学校教員の業務負担』大学教育出版，2017年。
　　公立小中学校教員に長時間労働や負担感をもたらす業務は何かについて，国内外の調査データの分析から明らかにした研究書です。

○諸富祥彦『教員の資質——できる教師とだめ教師は何が違うのか？』朝日新聞出版，2013年。
　　教員のメンタルヘルス研究を行ってきた著者が，変化する社会のなかで教員が置かれた状況を分析・考察し，今後教員に必要な資質を明快に述べた新書です。

○楊川『女性教員のキャリア形成——女性学校管理職はどうすれば増えるのか？』晃陽書房，2018年。
　　かねてから女性管理職の少なさは教員行政上の課題とされてきましたが，その理由を管理職任用制度と教員個人のキャリアに着目して検証した研究書です。

第 2 章

就学前教育行政と
幼稚園・保育所・認定こども園
―― 生涯学習の基礎を培うための制度運営 ――

●●● 学びのポイント ●●●

- 就学前教育制度の理念を理解する。
- 就学前教育に関する制度・行財政のそれぞれの特徴を理解する。
- 就学前教育に関する社会問題について,政策的背景を踏まえながら自分なりの意見をもつことができる。

WORK　小学校入学前のことを思い出してみよう

①　小学校入学前の5歳の時に，どのような就学前教育施設に通っていましたか？　覚えている範囲でかまいませんので，下の質問項目に答えてください。

> Q1　通っていた就学前教育施設は？
> ⇒幼稚園／保育所／こども園／その他（　　　　　）
> Q2　その施設には何歳から通っていましたか？
> ⇒1歳未満／1歳／2歳／3歳／4歳／5歳／その他（　　　　　）
> Q3　どのように通っていましたか？
> ⇒徒歩／家族の車・自転車送迎／園の送迎／公共交通機関／その他
> 　（　　　　　）
> Q4　その施設には一日どれくらいいましたか？
> ⇒2時間未満／2〜4時間／4〜6時間／6〜8時間／8〜10時間
> 　／10時間以上
> Q5　制服はありましたか？
> ⇒あった／なかった
> Q6　就学前教育施設ではどのようなことをして過ごしていましたか？
> 印象に残っていることを書いてみましょう。
> （　　　　　　　　　　　　　　　　　　　　　　　　　　　　）

②　グループに分かれて，書いた内容を共有しましょう。

③　グループで共有したことを全体で発表しましょう。

第 2 章　就学前教育行政と幼稚園・保育所・認定こども園

● 導　入 ●・・・・・・・・・
　本章では，就学前教育に関する制度・行財政の概要について学習します。日本の就学前教育は，幼稚園と保育所が異なる制度として確立され，幼稚園行政と保育行政が別々に運用されてきました。現在では，両方の機能をあわせもつ認定こども園が制度化されているため，幼稚園と保育所の制度・行財政に関する相違点に着目しながら，共通する理念を理解していきます。また，園児数と入所児数の推移を社会的状況および政策的状況と合わせて見ていくことで，就学前教育改革の背景を理解するとともに，改革の方向性について，みなさんなりの意見をもてるように学習を進めていきましょう。

・・・・・・・・・

【担当部門】
　内閣府子ども・子育て本部，文部科学省（初等中等教育局幼児教育課，高等教育局私学部私学行政課，高等教育局私学部私学助成課），厚生労働省子ども家庭局保育課，都道府県・市町村（教育委員会，首長部局）

【重要法令】
　日本国憲法，教育基本法，学校教育法，児童福祉法，児童の権利に関する条約

【重要答申類】
　文部省初等中等教育・厚生省児童局長連名通達「幼稚園と保育所との関係について（通達）」（昭和38年10月28日）

1　就学前教育制度の理念

1　国内法から見る就学前教育制度の理念

　はじめに最高法規である日本国憲法を確認します。第26条第 1 項で，すべての国民は「ひとしく教育を受ける権利」をもつと規定されています。第 2 項ではすべての国民は「普通教育を受けさせる義務を負ふ」という規定があります。しかし，学校教育法で義務教育は 9 年間と規定されていることから，就学前教育は義務教育とは捉えられていません。[*1]

　次に，教育基本法を確認します。第11条で「幼児期の教育は，生涯にわたる

人格形成の基礎を培う重要なものであることにかんがみ，国及び地方公共団体は，幼児の健やかな成長に資する良好な環境の整備その他適当な方法によって，その振興に努めなければならない」と規定されています。「幼児期の教育」はおおむね満3歳以上の教育を指しますが，幼稚園に限定されていないところに注目されます。つまり，幼児期を生涯学習の基礎を培うものと捉えた上で，施設形態にかかわらず，よりよい成長を促す環境を行政が整備するよう努めるという構造になっています。

2　条約から見る就学前教育制度の理念

次に，国家間または国際機関との間で合意する条約に注目してみます。就学前教育に関する条約として，「児童の権利に関する条約」があります。第3条で「児童に関するすべての措置をとるに当たっては（…中略…）児童の最善の利益」を考慮し，児童の福祉に必要な保護および養護を確保することを各国に求めています。日本はこの条約を批准しているので，「児童の最善の利益」も就学前教育を支える理念の一つと捉えられます。

3　世界的な就学前教育制度改革の潮流

就学前教育の在り方は世界的にも注目されています。1990年にUNESCO（国際連合教育科学文化機関）が主催した「万人のための教育世界会議」では，「学習は誕生時から始まる」ことが確認されました。さらに2000年には，最も恵まれない子どもたちに特に配慮を行いながら，就学前教育の拡大と改善を推進することが掲げられた「ダカール行動のための枠組み」が採択されました。

もう一つ，OECD（経済協力開発機構）が進めている，就学前教育の機会均等と質保証の動向があります。OECDは1996年に「万人のための生涯学習の実現」を唱えた共同宣言を採択し，生涯学習を人生すべての段階で生活のあらゆ

---

*1　学校教育法第16条で「保護者（…中略…）は，（…中略…）子に9年の普通教育を受けさせる義務を負う」とあり，小学校6年間と中学校3年間が義務教育期間と位置づけられている。

る面で展開される学習を包括するものと捉えた上で,早期からの教育格差を是正するために「人生の始まりこそ力強く（Starting Srong)」をキャッチフレーズに調査研究を進めています。

ここに,幼児教育への投資が最も社会的利益を生むと主張して,ノーベル経済学賞を受賞したヘックマンの研究が,就学前教育制度改革を後押ししています[*2]。

2 幼稚園に関する制度・行財政

1 幼稚園に関する制度

幼稚園は,学校教育法第1条に規定されている法律に定める学校[*3]であるため,国・地方自治体・学校法人のみが設置することができますが,幼稚園は例外として宗教法人等も設置することが認められています。

幼稚園の目的は「義務教育及びその後の教育の基礎を培うものとして,幼児を保育し,幼児の健やかな成長のために適当な環境を与えて,その心身の発達を助長すること」(第22条)と規定されており,生涯学習の基礎を培うという理念が含まれています。保育内容は,文部科学大臣が告示する「幼稚園教育要領」を基準にして各幼稚園が策定しますが,保育時間は1日4時間が標準とされています。幼稚園に入園できるのは満3歳から5歳までの幼児であり,入園を希望する保護者は,幼稚園の設置者と直接契約します。幼稚園は義務教育ではないため,設置者が定める入園料と保育料を納めなければなりません。

[*2] ヘックマン (Heckman, J. J.) は1960年代にアメリカで実施された「ペリー就学前プロジェクト」のデータを用いて,知識等を詰め込む早期教育ではなく,忍耐力や社交性,自尊心など幅広い力や姿勢を含み,非認知的能力と呼ばれる力を育成することが重要であると主張した。

[*3] 幼稚園,小学校,中学校,義務教育学校,高等学校,中等教育学校,特別支援学校,大学,高等専門学校を指し,公の性質をもつとされている。総称として「一条校」と呼ばれている。

2　幼稚園行財政

　幼稚園行政を担当している国の機関は，文部科学省初等中等教育局幼児教育課です。文部科学省では，幼稚園の振興に関する企画・立案や，幼稚園に対して援助や助言を行っています。ただ，私立幼稚園は私学行政の一環として，文部科学省高等教育局私学部私学行政課と私学助成課が担当しています。ここでは，私立幼稚園に関する制度の企画および立案，私立幼稚園の組織や一般的運営に関する指導，助言および勧告に関することを担当しています。

　幼稚園行政を担当している地方自治体の機関は，公立幼稚園は公立小学校と同様に教育委員会です。私立幼稚園は私学行政の一環として首長部局に設置された私学振興課等が所管することが一般的です。ただ，実際には地方の事情により所管は異なっており，文部科学省が調査した「平成28年度幼児教育実態調査」によれば，都道府県では，公立・私立ともに教育委員会が所管するところが12.8％，公立・私立ともに首長部局が所管するところが4.3％ありました。市町村では，公立・私立ともに設置されているところでは，47％がどちらも教育委員会が所管していますが，私立幼稚園のみを設置している地方自治体の48.2％は首長部局が所管しています。

　また，就学前教育に関わる職員として，幼稚園等を巡回し，園の教育内容や指導方法，指導環境の改善について助言等を行う指導主事や幼児教育アドバイザーを置いている地方自治体もあります。さらに，地方自治体によっては，幼稚園教諭等に対する研修の機会の提供や，幼児教育に関する研究成果を普及・啓発・各園等からの教育相談等を行う地域の拠点として，幼児教育センターを設置しているところもあります。[*4]

　幼稚園の諸経費について2012年度のデータをもとに見ていきます[*5]。公立幼稚

[*4] 東京大学大学院教育学研究科附属発達保育実践政策学センター「平成28年度『幼児教育の推進体制の構築事業』実施に係る調査分析事業成果報告書」2017年によると，幼児教育担当の指導主事は回答を得た856都道府県・市町村の49％に設置されている。文部科学省「平成28年度幼児教育実態調査」によると，幼児教育アドバイザーは19都道府県，200市町村に設置されている。幼児教育センターは11都道府県，29市町村に設置されている。

[*5] 内閣官房「幼児教育無償化に関する関係閣僚・与党実務者連絡会議（第1回）参考資料」http://www.cas.go.jp/jp/seisaku/youji/dai1/siryou3-2.pdf（2019年2月9日閲覧）。

園には1,200億円使われており、そのうち8割は設置者である市町村が負担しています。これを国が地方交付税として援助しています。残りの2割は保護者が負担しています。一方、私立幼稚園には6,000億円使われており、4割を国・都道府県・市町村、6割を保護者が負担しています。[*6]

3 幼稚園制度の歴史

1876年に設立された東京女子師範学校附属幼稚園が日本最初の幼稚園と言われています。[*7] この時点で幼稚園に関する制度は存在しておらず、東京女子師範学校附属幼稚園の園規則がモデルとなって全国に普及しました。1879年の「教育令」で初めて幼稚園が小学校とは異なる教育施設として規定されましたが、幼稚園の組織や保育項目などが制度化されるのは1899年に制定された「幼稚園保育及設備規程」でした。その後、1926年には「幼稚園令」が定められ、独自に発展をしていきました。

戦後は、教育の民主化の一環として1947年に制定された学校教育法で幼稚園は学校として位置づけられました。ただ、当時は幼稚園に対して「ぜいたくなもの」という印象がもたれており、学校として位置づけることに反対する意見も強かったようですが、学校教育法の成立に関わった文部官僚等の尽力により、幼稚園は法律に定める学校として位置づけられました。

3 保育所に関する制度・行財政

1 保育所に関する制度

保育所は児童福祉法に基づき、保護者の労働や疾病などの理由で保育を必要とする乳児・幼児を、日々保護者のもとから通わせて保育を行うことを目的と

---

* 6 国は私学助成金と就園奨励費として500億円、都道府県は私学助成金として1,600億円、市町村は就園奨励費として400億円負担している。
* 7 文部科学省『幼稚園教育百年史』ひかりのくに、1979年を参照。

する児童福祉施設です（第39条）。児童福祉施設は設置者の制限は定められていないため，市町村のほかに，社会福祉法人や株式会社も設置することができます。保育内容は，厚生労働大臣が定める「保育所保育指針」を基準にして各保育所が策定しますが，保育時間は原則1日8時間とされており，さらに保護者の労働や疾病の状況により延長できることもあります[*8]。また，保育士を置く人数や保育室の面積などは，「児童福祉施設の設備及び運営に関する基準」などに示されており，これらの基準をすべて満たせば認可保育所として国や地方自治体から財政的な支援を受けることができます。ただ，基準に満たなくても認証保育所のように，都道府県や市町村が独自に定めた基準により支援を受けられる場合もあります。

　保育所は希望すれば誰でも入所できるというものではありません。市町村から「保育を必要とする」と認められた保護者をもつ乳児（満1歳未満）・幼児（満1歳から小学校就学の始期に達するまでの者）に限定されます。入所を希望する保護者は，入所したい保育所と「保育を必要とする事由[*9]」を市町村へ申し込みます。市町村は就労状況や家庭状況の諸事情等を総合的に判断して入所の可否を決定します。近年では，働く女性の増加等により，保育所の入所を希望しても，施設に受け入れの余裕がなく入所できない待機児童[*10]が社会問題となっています。また，保育料は公立と私立の区別なく，保護者の所得に応じて決まります。保育料は保育所ではなく市町村へ支払います。

2　保育行財政

　保育行政を担当している国の機関は，厚生労働省子ども家庭局保育課[*11]です。

＊8　後述する「保育の必要性の認定」によって，1日8時間を最大とする「保育短時間」と1日11時間を最大とする「保育標準時間」に分かれている。
＊9　「保育を必要とする事由」として，就労，妊娠，出産，保護者の疾病，障害，同居または長期入院している親族の介護・看護，災害復旧，求職活動，就学，虐待やDVのおそれがあること，育児休業中，などが示されている。
＊10　厚生労働省「保育所等利用待機児童数調査要領」では，待機児童は「保育の必要性の認定がされ，特定教育・保育施設（…中略…）の利用の申込みがされているが，利用していない者」と定義されている。

厚生労働省では，児童の保育に関することや，保育士等の職員を養成する施設の運営や職員の養成および資質の向上に関することを所掌事務としています。幼稚園とは異なり，公立も私立も所管は同じです。

保育行政を担当している地方自治体の機関は，公立・私立とも首長部局にある保育課等が所管することが一般的です。しかし，最近では幼稚園と同じように教育委員会が保育所を所管する自治体も見られます。

保育所の諸経費について2012年度のデータをもとに見ていきます。公立保育所には3,000億円使われており，そのうち4割は設置者である市町村が負担しています。これを国が地方交付税として援助しています。残りの6割は保護者が負担しています。一方，私立保育所には4,100億円使われており，4割を国・都道府県・市町村が負担し，6割を保護者が負担しています。

3　保育制度の歴史

日本で最初に設立された保育所は，1883年頃から見られた小学校へ通う児童の弟や妹を見守る子守学校や，農業従事者支援として1890年に設置された新潟静修学校付設託児所など諸説あります。1900年代に入ると，工場で勤務する労働者支援として工場付設託児所（東京紡績深川託児所など）や，貧困層を対象とした託児所（二葉保育園など）が設立されました。ただ，いずれも制度に基づく施設ではなく，篤志家や企業による善意で設立されたものでした。しかし，1918年に勃発した米騒動を契機に，内務省が託児所に補助金が使用できるようにしたことで公立託児所が増加しました。1938年には内務省から独立して厚生省社会局児童課が設立され，同年に制定された社会事業法によって託児所が制度化されました。

戦後になると，都市部では戦争孤児や浮浪児が街にあふれかえっていたため，GHQは「美観を損なう」として浮浪児を預かる施設の設置を命令しました。

---

*11　2023年4月1日からこども家庭庁生育局保育政策課が担当している。
*12　保育所国庫負担金制度で，国が2分の1，都道府県と市町村がそれぞれ4分の1を負担する。
*13　詳しくは岡田正章・久保いと・坂元彦太郎ほか『戦後保育史』日本図書センター，2010年を参照。

この命令を受けた厚生省は児童保護という観点だと明るい未来が見えにくいと考え，1947年に児童福祉法を成立させ，児童福祉の観点から「保育に欠ける」乳幼児を措置する[*14]というしくみが組み込まれました。

4 「幼保一体化」を理念とした就学前教育制度改革

1 社会的状況から見た園児数・入所児数の推移

1947年から2017年までの幼稚園在園者数と保育所入所児数の推移を社会的状況と重ねて見ていきましょう（図2-1）。戦後直後はほぼ同数でしたが，1950年以降にどちらも急激に増加しています。この時は第一次ベビーブームの時期と重なります。1950年代後半はほぼ横ばいを推移しますが，1960年代に入ると保育所入所児数を上回るペースで幼稚園園児数が増加していきます。この時は高度経済成長期にあたります。第二次ベビーブームにあたる1970年代前半まで幼稚園園児数が増加していますが，1975年をピークに少子化の影響を受けて両施設とも減少に転じます。1990年代に入ると幼稚園園児数は大幅に減少しますが，保育所入所児数は逆に大きく増加していることがわかります。

2 政策的背景から見た園児数・入所児数の推移

次に，政策的背景を重ねて見ていきましょう（図2-1）。戦後直後は幼稚園と保育所の違いがあまり認識されていませんでしたが[*15]，1951年に児童福祉法が改正され，保育所の入所対象として「保育に欠ける」ことが盛り込まれました。これにより，幼稚園と保育所の違いが明確にされたところに第一次ベビーブームが重なり，どちらも大幅に増加しました。

---

*14 措置制度と呼ばれており「保育を必要とする」ことが認められなければ入所できないというしくみの原点。ただ，措置制度では市町村が入所する施設を決定していたが，現在は利用者が希望することができるなど，異なる点がいくつかある。

*15 1948年に策定された「保育要領」は，幼稚園と保育所が参照できるものとして編集されたが，「幼稚園教育要領」（1948年）と「保育指針」（1952年）に分かれた。

第2章　就学前教育行政と幼稚園・保育所・認定こども園

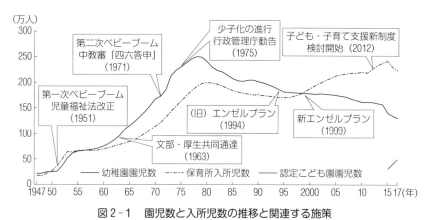

図2-1　園児数と入所児数の推移と関連する施策
出所：全国保育団体連絡会・保育研究所（編）『保育白書2018』ちいさいなかま社，2018年，p.243より筆者作成。

　ただ，次第に同じ満3歳から5歳児を対象とする施設であるにもかかわらず，幼稚園と保育所に分かれていることについて疑問が出されるようになりました。そこで1963年に文部省初等中等教育・厚生省児童局長連名通達「幼稚園と保育所との関係について（通達）」が公表され，幼稚園と保育所は目的や機能は異なるけれども，満3歳から5歳児の教育内容については同じであることが望ましいことが確認されました。これを受けて1965年に厚生省児童家庭局から「保育所保育指針」が出され，満3歳以上の幼児に対する教育の同等性が認知されましたが，実際には教育的要素が強い幼稚園の方がより増加傾向が見られました。

　1970年代に入ると，地方自治体によって両施設数にバラツキが見られることが問題視され，1975年に出された行政管理庁監査結果報告で，文部省・厚生省が両施設の運用について協議の場を設けることが勧告されました。協議の結果，「それぞれ異なる目的，機能の下に必要な役割を果たしてきており簡単に一元化できない」が，「幼稚園の預かり保育，保育所の私的契約などの弾力的運用を検討する必要がある」とまとめられました[*16]。その結果，「幼稚園の保育所化」と「保育所の幼稚園化」が進められ，両者の開きが縮小していきました。

[*16]　私的契約児とは「保育に欠けない」乳幼児が保育所に入所すること。

1989年に合計特殊出生率が過去最低を記録した1.57ショック以降，少子化対策が重要な政策課題となりました。一つの原因として子育てと仕事の両立の難しさが指摘されたことから，エンゼルプラン（1994年）および新エンゼルプラン（1999年）では保育所の増設を促進させることが示されました。ここでは保育所の民営化や面積等の基準を緩める規制緩和が進められました。

3　「幼保一体化」を目指した認定こども園の誕生

　しかし，女性の社会進出等により，特に低年齢児（0歳から2歳）を保育所へ預けるニーズが高まり待機児童が増加しました[*17]。他方，低年齢児がおらず，保育時間が短く保育日数も少ない幼稚園は，預かり保育等で保育時間の延長を始めましたが，定員に満たない幼稚園が増え始めました。そこで，待機児童の受け皿として幼稚園を活用するために，地方自治体から幼稚園と保育所の共用を望む声が強まりました。「骨太の方針 2003」で幼稚園と保育所の総合施設の制度化を目指すことが示され，2006年に「就学前の子どもに関する教育，保育等の総合的な提供の推進に関する法律（認定こども園法）」が制定され，幼稚園と保育所の両方の機能を併せもつ認定こども園が制度化されました。しかし，行財政の側面では，保育所部分を厚生労働省，幼稚園部分を文部科学省が所管するしくみは継続されたため，認定こども園は書類を二種類用意しなければならないなどの問題があり，認定こども園の設置数は伸び悩んでいました。

　そのようななか，2009年に誕生した民主党政権が「幼保一体化」という理念を提示してから，幼稚園と保育所の一体的運営が具体的に検討されました。最終的には，「『子どもの最善の利益』が実現される社会」を目指すために，「質の高い幼児期の教育・保育を総合的に提供」することを目的として2012年8月に「子ども・子育て関連3法」（子ども・子育て支援法，改正認定こども園法，子ど

---

*17　低年齢児の保育所の利用率（利用児童数／就学前児童数）は，2009年度は28.5％だったが2016年度は41.1％に増加した。2016年度の待機児童は低年齢児が86.8％を占めている（内閣府「国家戦略特区ワーキンググループ資料」 https://www.kantei.go.jp/jp/singi/tiiki/kokusentoc_wg/h28/shouchou/160916_shiryou_s_5_2.pdf（2019年2月9日閲覧））。

も・子育て支援法及び認定こども園法の一部を改正する法律の施行に伴う関係法律の整備等に関する法律）が成立しました。これにより，幼保連携型認定こども園は，満3歳以上の保育所部分も法律に定める学校の機能をもつ施設として位置づけられました。保育内容については新たに幼保連携型認定こども園教育・保育要領が策定され，幼稚園教諭と保育士資格の両方をもった保育教諭が担当することになりました。また，認定こども園に関する事務については，内閣府子ども・子育て本部が担当することになりました。これらにより，認定こども園数は2011年度の762園から2017年度は5,081園に増加しました。

5 就学前教育行政に関する動向

　近年，地域子ども・子育て支援事業である延長保育や病児保育などニーズに合わせた子育て支援を行う地方自治体が増えています。また，幼稚園や保育所の保育料を無償にすることも検討され，さらには就学年齢を引き下げようという考え方もあります。ただ，待機児童の早期解消のために保育所の増設を望む声がある一方，騒音等を理由として保育所の増設に反対する地域もあります。「生涯学習の基礎を培う」ために，どのような就学前教育制度・行財政が望ましいと思いますか。本章だけではなく，他章で学んだことも踏まえて，みなさんなりの意見をもてるように学習を進めてください。

 まとめ

　日本の就学前教育については，世界的な潮流と同様に，生涯学習の基礎を培う時期として捉えられています。幼稚園と保育所が異なる制度として成立し，幼稚園行政と保育行政がそれぞれ制度を運用するという形式が採られてきましたが，社会状況の変化によって，どの子どもにも質の高い幼児教育・保育を提供するという理念が生まれ，2015年度から子ども・子育て支援新制度が開始されました。幼児教育無償化や保育所増設への反対運動など，就学前教育行政に関する動向についてみなさんなりの意見をもてるように学習を進めてください。

---

*18　認定こども園には，幼保連携型認定こども園のほかに幼稚園型認定こども園，保育所型認定こども園，地域裁量型認定こども園の計4つがある。

さらに学びたい人のために

○岡田正章・久保いと・坂元彦太郎ほか『戦後保育史』日本図書センター，2010年。
　戦後の幼稚園と保育所の成立とその後の展開について，当時の関係者のインタビューを交えてまとめた本です。当時の生々しい交渉の様子や熱い思いが感じられる一冊です。

○前田正子『みんなでつくる子ども・子育て支援新制度』ミネルヴァ書房，2014年。
　著者は元横浜市副市長として保育行政に直接関わってきた経験から，子ども・子育て支援新制度のねらいについてわかりやすく解説しており，さらに掘り下げて理解するためにはおすすめの一冊です。

第3章
初等中等教育行政と学校
──学校制度の歴史的展開と初等中等教育の意味──

●　●　●　学びのポイント　●　●　●

- 初等中等教育行政のあるべき姿について主体的に探究していく上で必要となる基礎的知識を身につける。
- 初等中等教育の学校制度を学校体系全体のなかで捉えることができる。
- 現代における初等中等教育に関する教育政策を，歴史的展開のなかに位置づけて理解する。

WORK 　高校進学機会は平等か？

　教育機会の平等について，通学の観点から考えてみましょう。

1．出願可能な公立高校を調べよう

　あなたの出身地や現在の居住地，または任意に選んだ住所が属する公立高校の現在の通学区域を調べ，出願可能な公立高校の学校数および学科数を数えてください。

2．通学可能な公立高校を調べよう

　1．で選んだ住所から通学時間片道1時間以内で通える公立高校の数を調べてください。それにはどのような交通手段が考えられるでしょうか。また，最寄りの公立高校までの通学に要する時間（片道）および交通費（片道）を調べてください。

　地図アプリや，紙の地図，時刻表など，身近で利用できるものを使って調べましょう。

3．平等な進学機会について，グループの仲間と考えよう

　グループ内で，1．，2．の結果について，お互いに紹介し合ってください。片道1時間以内で通える公立高校の数，最寄りの公立高校までの通学時間や交通費のばらつきは，平等といえる範囲に収まっているでしょうか。お互いが調べた地域の情報をもとに，話し合ってください。

第3章 初等中等教育行政と学校

● 導　入 ● ● ● ● ● ●

　本章では，初等中等教育とは何か，またそのための学校制度を整え運営する初等中等教育行政はどうあるべきか，主体的に考えていくために不可欠な，学校制度についての基礎的知識を身につけていきます。学校制度の在り方はその社会における教育の在り方を映し出しています。そこで本章では，初等中等教育に関わる学校制度について，学校制度全体と関わらせながら，歴史的な展開も含めて概説しています。本章の学習を通じて，学校について，教育行政について，さらには教育についての見識を深めていきましょう。

● ● ● ● ● ● ● ● ●

【担当部門】
　　文部科学省初等中等教育局，都道府県・市町村教育委員会
【重要法令】
　　教育基本法，学校教育法，学校教育法施行規則
【重要答申類】
　　中央教育審議会「子供の発達や学習者の意欲・能力等に応じた柔軟かつ効果的な教育システムの構築について（答申）」（平成26年12月22日）
　　中央教育審議会「教育基本法の改正を受けて緊急に必要とされる教育制度の改正について（答申）」（平成19年3月10日）
　　中央教育審議会「21世紀を展望した我が国の教育の在り方について（第二次答申）」（平成9年6月1日）

1　初等中等教育行政の対象となる学校

1　多様な教育施設のなかの初等中等教育行政の対象

　日本では法律上，正規の学校は学校教育法第1条に列挙されている，幼稚園，小学校，中学校，義務教育学校，高等学校（以下，高校），中等教育学校，特別支援学校，大学および高等専門学校（以下，高専）の9種類であるとされており，「学校教育法第1条に規定された学校」という意味で，一条校と呼ばれています。一条校以外の教育施設でも，一定の条件を満たした場合，学校教育法

上の専修学校（第124条）や各種学校（第134条）とされる場合があります。専修学校のうち、高等課程を置くものは高等専修学校、専門課程を置くものは専門学校と称することができます。なお、学校教育法上の一条校、専修学校以外の教育施設が、これらの学校名を使用することは禁じられています（第135条）。これらの名称を使用した場合には、10万円以下の罰金に処せられることがあります（第146条）。その他、防衛省設置法による防衛大学校や児童福祉法による保育所、少年院法による少年院など、学校教育法によらない学校類似施設もあります。これらの多様な教育施設のうち、主に一条校の学校間の関係を体系的に整理したものが学校体系であり、図に表したものが学校系統図です（図3-1）。

日本の学校制度について整理する時、一般的には教育段階を、初等教育段階、中等教育段階、高等教育段階に区切ります。また、中等教育段階はさらに、義務教育の年限と対応する前期と、それに続く後期に分けられます。初等中等教育行政の対象となる学校は、初等および中等教育段階にあたる小学校、中学校、義務教育学校、高校、中等教育学校、特別支援学校ということになります。

2 高専の位置づけを通して見る初等中等教育の特徴

図3-1の学校系統図を見ると、実は高専もはじめの3年が中等教育段階にかかっています。しかし高専は高等教育機関とみなすのが一般的です。学校教育法では、高専については高校に関する規定よりも大学に関する規定の方が多く準用されています（学校教育法第123条）し、文部科学省においても高専は大学とともに高等教育局が所掌しています。初等中等教育／高等教育の区分は、単に年齢段階による形式的な区分ではなく、質的な要素を含んだものなのです。

例えば、高専に関する法規定には見られない初等中等教育共通の特徴として、以下のようなものがあげられます。まず、小学校の教育課程については、文部科学大臣が定めることとされ（学校教育法第33条）、学校教育法施行規則や学習指導要領によって、教科や教科外の教育課程の構成（学校教育法施行規則第50条）、授業時数（学校教育法施行規則第51条）、教育課程の基準（学校教育法第52条および

第 3 章　初等中等教育行政と学校

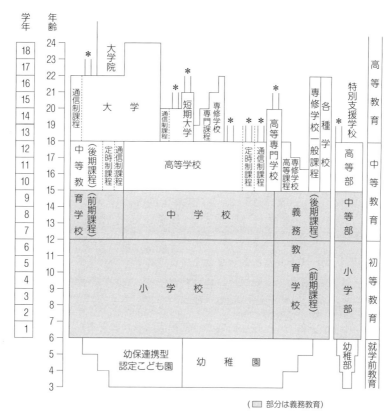

図 3-1　日本の学校系統図（現行）

注： 1 ． ＊印は専攻科を示す。
　　 2 ． 高等学校，中等教育学校後期課程，大学，短期大学，特別支援学校高等部には修業年限 1 年以上の別科を置くことができる。
　　 3 ． 幼保連携型認定こども園は，学校かつ児童福祉施設であり 0 ～ 2 歳児も入園することができる。
　　 4 ． 専修学校の一般課程と各種学校については年齢や入学資格を一律に定めていない。
出所：文部科学省「『諸外国の教育統計』平成30（2018）年版」。

小学校学習指導要領）などが国レベルで管理されています。また，小学校では，教科書の使用が義務づけられています（学校教育法第34条）。この場合の教科書とは，「文部科学大臣の検定を経た教科用図書又は文部科学省が著作の名義を有する教科用図書」（学校教育法第34条）のことですので，教科書検定や教科書作成の過程と教科書使用の義務づけを通じて，国レベルの管理が学校における

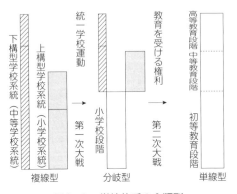

図 3-2　学校体系の 3 類型
出所：教育制度研究会『要説　教育制度（新訂第 3 版）』
学術図書出版社，2011 年，p. 39。

日常の教育活動にまで強く影響を与えていることがわかります。

　以上のような法規定は，中学校，義務教育学校，高校，中等教育学校，特別支援学校にも見られる一方で，高専に関しては見られません。ここに，学問の自由（日本国憲法第 23 条）の観点から，各教育機関や教職員の自主性，自律性が強く尊重される高等教育と，児童生徒の発達段階などを考慮して，一定の制約がなされる初等中等教育との違いが特徴的に表れています。

2　初等教育／中等教育の区分の歴史的展開

1　学校体系の類型と歴史的展開

　学校体系は学校間の関係を体系的に整理したものですが，その関係は，縦の関係である系統性と，横の関係である段階性とからなります。系統性には社会階級や職業など，学校外の社会秩序が反映されているのに対し，段階性は学習者の発達段階の違いに基づいています。国や地域によっても，また時代の違いによっても，様々な学校体系が形成されてきましたが，それらは大きく複線型，分岐型，単線型の 3 つの類型に分類されます（図 3-2）。

　複線型学校体系では，系統性に従って発達してきた複数の学校系統が互いに

第 3 章　初等中等教育行政と学校

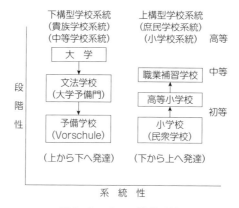

図 3-3　2 つの学校系統
出所：教育制度研究会『要説　教育制度（新訂第 3 版）』
学術図書出版社，2011 年，p. 37。

横の連絡を欠いて並存しており，同じ年齢段階であっても，教育目的や教育内容は学校系統によって異なっています。その帰結として，下級の学校から上級の学校への進学可能性は，通常，同一の学校系統の内部に限られています。

歴史的には，複線型学校体系は社会における階級の分化に対応して形成されてきました。一方に，富裕層，支配者層の子弟を対象として，大学準備教育も兼ねた人文的，古典的教養の教育を行う中等学校系統が，他方に，庶民の子弟を対象に，読み書き計算（3R's）や宗教教育といった日常生活や職業生活に必要な知識を与える小学校系統が別々に発達してきたのです（図 3-3）。

学校体系の 3 類型モデルでは，複線型学校体系から，学校教育の拡大とそれに伴う制度整備を経て，下級段階の学校を統合して学校系統の分化を遅らせる分岐型学校体系や，高等教育段階まで統合して学校系統を分化させない単線型学校体系へと展開していくことが想定されています。ヨーロッパ諸国では，学校体系の複線型から分岐型への移行は，19 世紀末から 20 世紀初めにかけて，学校制度の民主化を求めた統一学校運動を経て実現していきました。また，戦前の日本では，明治以来，富国強兵のための国民教育制度を志向するなかで，初等教育段階の教育機関は小学校のみとして国民共通の教育を確保し，中等教育段階以降に学校系統を分岐させる分岐型学校体系が形成されていました。

2　学校系統から教育段階へ

　初等教育と中等教育の区分は，歴史的に見ると中等学校系統と小学校系統の区分に由来しますが，学校体系が分岐型や単線型へと展開していくにつれ，系統性よりも段階性による区分としての性質がしだいに強くなっていきます。今日では，初等教育は，庶民の子弟への3R's や宗教教育を中心とした小学校系統における教育から，すべての児童を対象とした普通教育の第一段階へと，その意味内容を変化させています。

3　戦後日本の中等教育制度の展開

1　中等教育の開放性と選別性

　日本の学校制度は，戦後学制改革によって，障害のある児童生徒等を対象とする盲学校，聾学校，養護学校を別として，基本的には初等教育段階は小学校，前期中等教育段階は中学校，後期中等教育段階は高校，高等教育段階は大学と，各段階の教育機関が一つずつに整理されました。戦前までの分岐型の学校系統図（図3-4）と比べると，戦後の学校体系がいわゆる6・3・3・4制の単線型へと移行していることがよくわかります（図3-5）。

　また，小学校と中学校の9年間が義務教育となり，中等教育段階は義務制の中学校と，それに続く非義務制の高校に分かれました。その結果，中等教育は普通教育の第二段階としての開放的な性格と，従来からの系統性に基づく選別的な性格とを内包することとなり，戦後の中等教育政策は，これら2つの性格の間の綱引きとして展開してきました。

　たとえば，戦後諸改革の見直しを図った政令改正諮問委員会は，「教育制度の改革に関する答申」（1951年）において，中学校を普通課程に重点を置くものと職業課程に重点を置くものに種別化することを提案しています。1950年代においては，義務化された前期段階においてさえ，中等教育制度を整える原理として，すべての人々に保障されるべき普通教育の第二段階としての段階性と，

第3章　初等中等教育行政と学校

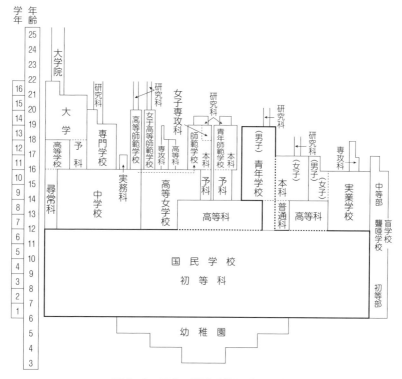

図3-4　日本の学校系統図（1944年）
出所：文部省編『学制百年史　資料編』帝国地方行政学会，1972年。

進学準備と就職準備の区分からなる系統性のいずれに重きを置くかは，いまだに大きな論点となっていたのです。

2　高校政策をめぐる中等教育観の葛藤

　高校は戦後改革においても義務教育とされなかったものの，単線型学校体系の理念や義務制となった中学校との連続性といった観点から，開放的な制度への志向をもって整備が進められました。例えば当時，文部省は「新学校制度実施準備の案内」（1947年）などを通じて，希望者全員入学の原則の周知に努めていました。また，各都道府県においては，いわゆる高校三原則（小学区制，男

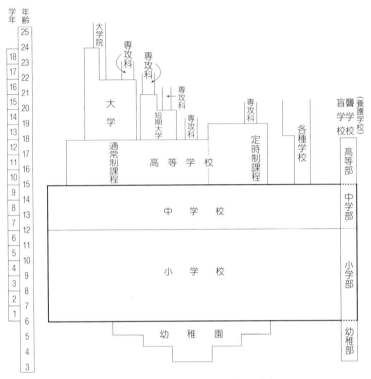

図3-5 日本の学校系統図（1947年）
出所：文部省編『学制百年史 資料編』帝国地方行政学会，1972年。

女共学制，総合制）に沿った高校整備が行われました。

しかし，産業の復興に伴うより高度な職業能力をもった人材需要の高まりは，高校における選別的な制度への志向を強め，開放性への志向との葛藤を激化させることになりました。早くも1950年代はじめには，選抜的な入試の広がりや，通学区域の拡大の動きも生じます。1960年改訂の学習指導要領では，大学進学準備と就職準備への普通科のコース分けにつながる科目の細分化が行われました。また，この時期には職業学科の多様化も進められました。他方で，60年代を通じて，希望者全員入学の実現を目指す高校全入運動や，高校三原則の確立を目指す運動が取り組まれました。

このような戦後高校教育の展開は，開放性と選別性という，中等教育が抱え

る2つの性格を反映しています。しかし，全体としては対立して見える方向性であっても，個々の施策は必ずしも両立できないものばかりではありません。学校間格差や学科の多様化など，高校教育内部において選別的な構造が形成される一方で，高校教育全体として収容力は拡大され，高校進学率は1974年度に90％超を記録するまでに上昇しています。また，2010年度にはいわゆる「高校無償化」が開始されました。2014年度には所得制限が盛り込まれましたが，無償化政策自体は現在まで維持されています。

4 中高一貫教育と小中一貫教育

1 中高一貫教育

　中等教育が後期段階まで含めて普遍化するなかで，日本の学校体系には分岐型としての特徴が再び見られるようになってきました。かねてから大学（受験）準備教育への志向が強い私立高校のなかには，系列の中学校との接続を強め，一体的な学校系統としての在り方を強く示しているものがありました。1990年代にはこうした中高一貫教育を求める動きが公立学校へも波及し，受験競争の低年齢化や選別的な分岐型学校体系への回帰を懸念する声がありながらも，1998年には学校教育法が改正され，1999年度より6年一貫の中等教育学校や併設型，連携型の中学校・高校による中高一貫教育の制度が創設されました。

　中等教育学校は中学校や高校と年齢段階において並行する6年一貫の新しい学校種です。また，併設型中学校・高校は，同一の設置者が設置する中学校と高校が中高一貫教育を行うものであるのに対し，連携型中学校・高校は，当該中学校と高校が連携して一貫性に配慮した教育を行うものの，その設置者は同一とは限りません。

2 小中一貫教育

　近年，義務教育9年間のまとまりを重視した制度整備も進んでいます。2006

年の教育基本法改正では,義務教育の目的が新たに規定されました(第5条第2項)。翌年の学校教育法改正では,義務教育の目標が10項目にわたって掲げられました(第21条)。さらに2015年には,学校教育法の改正により小中一貫教育も制度化され,2016年度から,9年一貫の義務教育学校が創設されました。

　私立学校が先行した中高一貫教育とは異なり,小中一貫教育の制度化に関しては市町村教育委員会が義務教育行政としての小中学校行政を担うなかで,長年のうちにその基盤が形成されてきました。義務教育の対象年齢の児童生徒(学齢児童生徒)を把握し,学齢簿と呼ばれる名簿を編製すること(学校教育法施行令第1条)からはじまり,入学期日の保護者への通知(同第5条第1項)や就学すべき学校の指定(同第5条第2項),さらには学齢児童生徒を収容し得るだけの規模の小学校,中学校または義務教育学校の設置(学校教育法第38条,第49条)など,義務教育を実施していく上で基盤となる教育行政は市町村教育委員会が担ってきました。また,学校の管理や経費の負担は,原則として設置者によることとされており(学校教育法第5条:設置者管理主義・設置者負担主義),市町村立小中学校の管理はやはり市町村教育委員会が担ってきました。多くの公立高校は都道府県立として都道府県教育委員会が管理していることから,公立学校の設置管理における教育行政上のまとまりとしては,中等教育としての中学校・高校のまとまりよりも,義務教育としての小学校・中学校のまとまりの方が強いものとなっています。

 まとめ

　今日,中等教育段階では中高一貫教育が制度化されて選別的な学校系統として分化する気配を見せる一方,初等教育と前期中等教育をすべての人々に共通して保障されるべき義務教育段階として,一体的に把握することも定着してきました。高校進学が普遍化し,今では高等教育進学率も大学,短大,高等専門学校それに専門学校を合わせると8割を超えるまでになっています。学校が多くの人にとって当たり前の場所となった今日だからこそ,社会的な制度としての学校の意味や目的が改めて問われています。

第3章 初等中等教育行政と学校

 さらに学びたい人のために

○新井潤美『パブリック・スクール──イギリス的紳士・淑女のつくられかた』岩波書店，2016年。
　階級社会の影響を色濃く残すイギリスの学校制度を象徴する存在であるパブリック・スクールについて紹介しています。本章では扱わなかった，海外の学校制度に関心のある方におすすめします。

○木村元（編著）『日本の学校受容──教育制度の社会史』勁草書房，2012年。
　近代社会では，教育を受けることは学校に通うこととほぼ等しく考えられてきました。本書を読むと，制度としての学校の歴史を振り返ることは，教育そのものの意味を問い直すことでもあることがわかります。

○永田佳之『オルタナティブ教育──国際比較に見る21世紀の学校づくり』新評論，2005年。
　近代の学校制度は国民国家を支える国家的な制度として整備されてきましたが，グローバル化をはじめとする社会の変化のなかで揺らぎも見えています。本書は，新たな教育の在り方を探究するための視座を与えてくれます。

第4章

高等教育・私立学校行政と学校
―― 学校の設置主体としての「法人」のもつ意味 ――

● ● ● 学びのポイント ● ● ●

- 学校の設置者としての「法人」について理解する。
- 高校以下の公立学校と私立学校の制度上の違いについて説明する。
- 国立大学の法人化の経緯および法人化によって大学経営がどのように変化したのかについて組織的・財政的な側面から理解し，説明することができる。
- 行政が内部組織としての公立学校を管理することと，行政が学校設置者としての法人を管理することの政策上の違いについて説明することができる。

WORK 私立学校や法人について考えてみよう

1. 公立高校と私立高校を比較してみよう

　高校について，2つ以上の都道府県を選んで，「学校基本調査」などを使い，それぞれの情報を調べてみましょう。例えば，公立高校と私立高校の学校数，生徒数，卒業後の進路など様々な点で都道府県による違いや共通点があるか比較してみましょう。

	／都道府県	／都道府県
公立高校		
私立高校		

2. 法人が設置している学校を調べよう

　公立大学と私立大学を一つずつ取り上げて，その大学を設置している法人が他にどのような学校を設置しているのか調べてみましょう。もし高校を併設しているのであれば，高校から併設大学への進学が何％程度なのかについても調べてみましょう。

3. グループで共有してみよう

　1．と2．で調べた内容をグループで共有しましょう。ほかの人が調べた内容と自分が調べた内容がなぜ似ているのか，なぜ異なるのか，その理由について話し合ってみましょう。

第 4 章　高等教育・私立学校行政と学校

● 導　入 ●
　本章では，私立学校行政と高等教育行政について学びます。高等教育と私立学校は一見関係なさそうに見えますが，一つの共通点があります。今まで学んできた公立の初等・中等教育機関は設置者が地方自治体でしたが，ここでは設置者としての「法人」が一つのキーワードとなります。学校を設置している法人にはどのような種類があるのでしょうか。また，国公立大学の設置者が法人化したのはなぜなのでしょうか。本章ではそれらの理由を考えていくとともに，地方自治体や文部科学省のような行政が，教育機関を設置している法人に対してどのような施策を実施するのかについて，行政的・財政的な観点から見ていきます。

【担当部門】
　文部科学省（高等教育局私学部私学行政課，高等教育局国立大学法人支援課，高等教育局大学振興課），総務省自治財政局財務調査課，都道府県（知事部局，教育委員会）
【重要法令】
　私立学校法，国立大学法人法，地方独立行政法人法
【重要答申類】
　中央教育審議会大学分科会将来構想部会「今後の高等教育の将来像の提示に向けた中間まとめ」（平成30年6月28日）

1　学校の設置者としての法人

1　公益法人としての法人

　学校教育法では，学校を設置することができる主体が定められています。学校教育法第2条では，国（国立大学法人），地方公共団体（公立大学法人を含む），学校法人に対してのみ学校の設置が認められています。このように，法人も学校の設置主体として重要な位置づけをもっています。
　戦前では，私立学校の設置主体は主に財団法人でしたが，この制度は学校設置を念頭に置いてつくられたものではなかったため，教育関係者の意向が法人

の運営に反映されにくいなど教育の公共性に関わる問題点が指摘されてきていました。そこで，戦後改革では私立学校の公共性を高めるための制度設計が課題としてあげられてきました［*1］。

　学校の設置主体である法人は学校の意思決定を行う主体となります。これらの法人は公益法人の一種です。公益法人は民法第34条において，非営利で，かつ，限定された公益的目的をもつ法人と定義されており［*2］，民間企業などのように利潤を追求することができません。なお，ここでいう「非営利」は金銭的な儲けを出すことを禁じているわけではなく，貨幣的残余を法人の外部の人や機関に対して分配してはいけないことを意味します。つまり，事業によって発生した金銭的な儲けを施設整備や活動のための資金とするなど法人内での事業に還元させる分には問題ないことを意味します。

2　法人としての視点が重要な理由

　学校の設置主体は校種に関係なく複数の学校を設置することができます。例えば，私立大学を設置する学校法人は中学校や高校，短期大学など様々な併設校をもっていることが多く，私立学校の設置は学校法人としてどの校種の学校を併設していくかという経営行動と不可分な関係にあります。このような運営形態は私立学校経営の日本的な特質だと言われています［*3］。

　現時点では学校を設置できる法人のうち公立大学法人と学校法人のみが複数校を設置することができますが，近年国立大学法人の統合が議論されていますので，今後は複数の国立大学を設置する国立大学法人が登場する可能性があります。例えば，2018年4月に法人統合に向けた話し合いを開始した名古屋大学と岐阜大学のケースで考えると，統合した大学法人が名古屋大学と岐阜大学の設置者となります。大学そのものを合併統合して一つの大学にするのではなく，

---

*1　詳しくは荒井英治郎「占領下の教育改革期における学校法人構想論議」『日本教育政策学会年報』15，2008年，pp. 138-152を参照。
*2　民法第34条には「法人は，法令の規定に従い，定款その他の基本約款で定められた目的の範囲内において，権利を有し，義務を負う」と規定されている。
*3　詳しくは天野郁夫『高等教育の日本的構造』東京大学出版会，1986年を参照。

法人のみを合併して一法人に複数大学を設置する形態を国立大学のアンブレラ方式と呼んでいます[*4]。このように，法人による学校設置という視点は今後大きな意味をもってくると考えられます。

　本書において今まで学んできた公立の小・中高校は行政機関の一部であり，行政は学校を直接管理していました。この章で学ぶ私立学校や大学はこれらとは構造が少し異なります。高校以下の私立学校や一部公立大学以外の大学は法人が設置しています。公立学校は行政の機関の一部であるのに対して，法人は行政から分離された存在です。人事，財政等を独立した経営体として処理しなければなりません。しかし，法人は教育の一翼を担う以上，教育の質を担保する意味でも行政からの金銭的な補助は制度として措置されます。行政にとっては，行政の一組織ではない「法人」をどのように管理するのかが重要な視点となります。

　例えば，行政から法人に対して交付する補助金にも特徴があります。行政の一組織ではない以上，学校に対しては行政から何らかのかたちで補助金を交付しなければなりません。国や県から教育機関である学校・大学に対して補助金を交付する「機関補助」が大きな特徴となっています[*5]。国立大学・公立大学では運営費交付金，私立学校に対する補助金は私学助成金という名称で交付されています。

[*4] 実際，中央教育審議会大学分科会将来構想部会が2018年6月に出した「今後の高等教育の将来像の提示に向けた中間まとめ」では，「一法人一大学となっている国立大学の在り方の見直し」について言及されている。また，2019年1月には，国立大学の一法人複数大学制度等に関する調査検討会議が最終まとめとして「国立大学の一法人複数大学制度等について」を公表し，実施に向けた制度設計を進めている。

[*5] 保護者に対して就学支援金を交付するなど，家庭に対する補助は「個人補助」と言う。従来個人補助は低所得者層を対象としたものが多かったが，公立高校無償化の流れのなかで私立高校の生徒への授業料の一部補助が実施され，家計負担が軽減された。現在では，国は世帯年収約910万円未満の所得要件等を満たす私立高校の生徒に対して，授業料の一部（収入に応じて月額9,900円〜2万4,750円と異なる）を「高等学校等就学支援金」として支給しており，多くの都道府県はそれに上乗せする形で独自の授業料等支援を実施している。大阪府や東京都などでは，所得要件を満たせば事実上の授業料無償化となる支援を実施しており，中学生の高校選択に大きな影響を及ぼしている。各都道府県が実施する私立高校生への授業料支援については文部科学省「高校生等への修学支援に関する参考資料」 http://www.mext.go.jp/a_menu/shotou/mushouka/detail/1343868.htm （2019年2月7日閲覧）を参照。

2 私立学校と学校法人

1 私立学校と所轄庁

　私立学校は私人によって寄付された土地・建物（寄付財産）に代表されるように，私的な財産によって設立されて運営されています。これは地方自治体の財政によって運営される公立学校とは大きく異なります。この性質が，私立学校創立者の建学の精神や私立学校の独特の学風の尊重につながってきています。[*6]

　私人が設立した私立学校は，公立学校と比較しても，建学の精神に基づいた校風や教育理念の設定など私立学校の自主性が尊重されていますが，学校教育制度の一部であるために行政の関与は求められます。私立学校法第4条では私立学校を監督する行政庁のことを所轄庁と定義しており，高校以下の私立学校の所轄庁は都道府県知事，私立大学，私立短期大学，私立高等専門学校については文部科学大臣が所轄庁となっています。

　高校以下の所轄庁が都道府県知事であるということは，私立学校関係の部局は教育委員会のなかには存在しないことを意味します。基本的には知事部局のなかに私立学校担当部局（東京都であれば生活文化局）があり，そこで学校法人や私立学校の設置認可，私立学校への助成等が行われています。例外的に大阪府では2016年4月より教育庁（教育委員会事務局）で公立学校と同様に私立学校関係の業務を行う部署を設置しています。

2 私立学校をつくるには

　私立学校は誰でもつくれるわけではありません。まずは設置者としての学校法人をつくらなくてはなりません。学校法人をつくるためにはまず法人としての定款や規則などを作成します。これを寄付行為と言います。寄付行為には学

---

*6　私立学校に関係する私立学校法については，松坂浩史『逐条解説私立学校法』学校経理研究会，2010年を参照。

第4章　高等教育・私立学校行政と学校

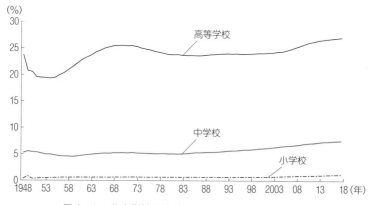

図4-1　公立学校と比較した私立学校の校種別割合
出所：文部科学省「平成30年度学校基本調査」より筆者作成。

校法人の目的だけではなく，設置する私立学校の種類や名称などを記載する必要があるため，設置したい私立学校と同時に申請することになります。学校法人の設置認可を行うのは所轄庁ですが，私立学校の自主性を担保するために，所轄庁は認可に際して文部科学省（以下，文科省）が設置する大学設置・学校法人審議会（大学の場合），各都道府県が設置する私立学校審議会（高校以下の場合）に諮問した上で意見を聞くことが求められています。これらの審議会には学識経験者や私立学校関係者など様々な属性をもった人が委員として入っており，所轄庁の意向がそのまま学校法人や私立学校の設置に反映されないような工夫がなされています。

　設置認可は上述した審議会が出した答申をもとに行われます。なお，学校法人を設立する際には私立学校に必要な施設・設備・資金・財産なども有しているかどうかが審査要件となります。それらの条件を満たした上で所轄庁の認可を受けて，はじめて学校法人を設立することができます。

3　高校以下の私立学校

　図4-1は小・中高校での学校数全体に占める私立学校の割合を時系列でグラフにしたものです。小学校は基本的に1％未満で推移してきていましたが，

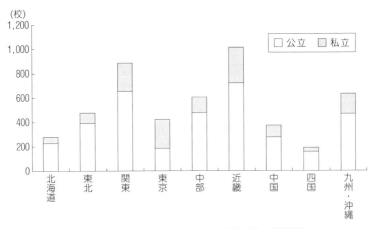

図4-2 東京および地方別の公私立高校の学校数
出所:文部科学省「平成30年度学校基本調査」より筆者作成。

2012年以降は1%をやや超えてきています。中学校は戦後より5%前後を推移してきましたが,2010年以降は7%に増加しています。高校は1950年代に20%前後まで落ち込みましたが,その後増加して1960年代中盤以降25%前後で推移してきており,2018年には約27%になっています。校種ごとによって私立学校の役割は異なります。この図からは私立高校の数は高校全体の約30%と多く,日本の高校教育のなかでも大きな役割を果たしていることが読み取れます。

私立高校の割合は全体では約30%ですが,全国均一に30%というわけではありません。当然,地域による差は大きく出てきます。図4-3は2018年における各地方と東京都の公立高校と私立高校の数をグラフ化したものです。私立高校の数は地域によって差があることがわかります。特に東京都は約55%が私立高校となっており,全国で唯一私立高校数が公立高校数を上回っている都道府県となっています。

4 高校以下の私立学校をめぐる行政と財政の構造

ここでは,国と都道府県による私立高校等への財政措置を見ていきます。基本的に高校以下の私立学校に関する業務は都道府県の責任であり,そこには私

第4章 高等教育・私立学校行政と学校

立学校に対する助成も含まれています。

　私立学校への助成は都道府県が基本的に行い，国が私立学校振興助成法施行令第4条に基づいて都道府県の支出額に応じた国庫補助金を交付するという構造になっています。国から都道府県への補助は1976年の私立学校振興助成法の施行によって始められましたが，それ以前は都道府県の一般財源（地方税，地方交付税）によって独自に行われていました。当時は都道府県による私立学校への助成額の差が大きな問題となっていました。

　高校以下の私立学校に対して助成を実施するかどうかは都道府県の裁量となります。しかし，私立学校への助成が行われないと私立学校の収入構造上，私立学校は経営難となってしまうので都道府県としては実施せざるを得ません。日本の高校の30％は私立学校によって運営されており，経営難を理由とした高校教育の質低下は避けたいところです。また，国による補助金は，都道府県に対して最低限の私立学校への助成水準を促すことを志向していました。私立学校に対して人件費や物件費など日常的な学校経営に必要な費用の一部を助成している都道府県への補助というかたちをとっており，私立学校振興助成法成立当初は国からの補助金交付を受けるための私学助成の最低限度額が設定されていました。そのため，都道府県は私立学校への助成を実施しないという選択肢はない上に，最低限度額を上回る額を国庫補助金獲得のために予算計上するようになりました。一度予算計上された私学助成は簡単に減らせるものではなく，最低限度額が撤廃された1994年以後も右肩上がりで増え続けていきました。

　担当部局が公私で異なるため，私立高校と公立高校はお互いに無関係の存在に見えますが，両者が関係をもつケースがあります。それは高校入学者の定員調整です。各都道府県の私立高校定員は公立高校との調整によって決まります。例えば東京都では定員調整のために公私連絡協議会が設置され，高等学校就学計画が策定されます。もともとは1980年代の生徒減少期に私立学校を保護することが主な目的でしたが，現在ではその傾向はやや薄れ，公私での話し合いによる調整によって定員が決定することが多いです。[*7] 2018年度の場合，計画策定の際に進学率を96％，都立高校と私立高校の生徒数受け入れの按分比を59.6：40.4と設定します。就学計画では，当該年度の都内公立中学校卒業予定者と計

画進学率から進学者生徒数を推定し，そこから国立・他県への転出者を引いた人数によって都内の公私立高校で受け入れる生徒数を算出します。その生徒数を按分比に応じて公立高校全体と私立高校全体で振り分けます。2018年度の受け入れ分担人数は都立高校4万1,800人，私立高校2万8,500人となります。各学校は就学計画の人数に沿うように定員を設定し，入学者の選抜をします。

3 高等教育機関と法人

1 国立大学と国立大学法人

学校教育法第2条で設置者に「国」があることからも推測できるように，国も学校を設置していました（国立大学）。国立大学は2003年までは文部（科学）省の内部組織であったため，国立大学の施設設備の所有者は国であり，教職員等も国家公務員として扱われていました。

国立大学制度への変革が起こったのは1996年より始まった橋本龍太郎内閣の行政改革がきっかけです。国による行政のスリム化を図るために独立行政法人制度をつくり，法人に業務と人員を移管することで国家公務員の削減に着手しました。国立大学法人も根底は同様であり，教育機関であるという配慮はされつつも教職員全員が非公務員となるなど大きな変化が起きました。2003年に国立大学法人法によって全大学が一斉に法人化し，国立大学法人制度が始まりました。

国立大学法人は文科省の内部組織としての国立大学とは異なり，独立した経営体としての性格がより強まりました。学長および学長と理事で構成される役員会，学長・理事・職員に加えて過半数の学外者で構成される経営協議会，学長・理事・職員等学内者のみによって構成される教育研究評議会が国立大学法

---

* 7 　生徒数が減少している時期の公私連絡協議会の全国的な実態については，香川めい・劉語霏「生徒減少期の高校教育機会――日台比較から見る公私分担と多様性の確保の課題」『教育社会学研究』99，2016年，pp. 5-25を参照。
* 8 　文部省は教育，文化，学術，スポーツ振興等を扱う中央省庁であった。2001年1月の省庁再編により，科学技術庁と統合して文部科学省となった。

人の運営を行います。学外者を多く経営陣に参加させ，大学運営に関する重要事項は学長が最終的な決定権限をもつようになりました。

　国立大学法人の財政的な側面について見ていきましょう。文科省から国立大学法人に対しては運営費交付金が交付されます。運営費交付金は国立大学に必要な人件費や教育研究経費などを基盤的経費として配分されます。法人化以前の国立大学は学生数に応じて予算配分がなされていました。しかし，法人化によって国立大学が独立した経営体として活動するようになったことで，文科省の定めた「経営努力」の基準を満たした大学に運営費交付金が多く配分される方式に変更になりました。そのため，改革への取り組みを行っている大学には手厚く，改革を行っていない大学には少ない額の運営費交付金が配分されることになっています。[*9] 国立大学法人にとって運営費交付金は収入源の約20〜60％[*10]を占めているため，改革への取り組みを行わない限りは運営費交付金が減っていってしまうしくみになっています。近年では収入財源の多様化を目指して，科学研究費補助金や公募型の研究開発資金に代表されるような競争的資金や附属病院収入，寄付金などの割合を増やしてはいるものの，収入に占める割合を考えれば運営費交付金が大学経営に果たす役割は依然として大きいと言えます。

　このように，国立大学法人に変更して独立した経営体になったものの，依然として運営費交付金に依存しなくてはならない収入体系を取っています。そのために，大学での教育改革の実施や文部科学省職員の出向人事受け入れなど様々な面で文科省の影響力を受けながら大学を経営していることがわかります。

2　公立大学と公立大学法人

　従来，公立大学の設置者は地方自治体のみでした。地方自治体が設置する公立大学は地方行政組織の一部となるので，人件費を含んだ大学経営にかかる費

---

*9　詳しくは島一則「国立大学における運営費交付金に関する実証的研究——効率化係数・経営改善係数がもたらす影響について」『大学論集』40，2009年，pp. 87-105を参照。

*10　大学病院をもっている42の国立大学法人は附属病院収益があるため運営費交付金への依存が低くなるが，もたない44法人は運営費交付金への依存度が高くなる。

用はすべて行政の支出となります。1990年代より継続的に続いていた地方自治体の財政難は公立大学の運営に大きな影響を及ぼし，特に複数の大学や短期大学をもつ地方自治体で大学の再編・統合が浮上します。例えば，広島県は2005年に3校目の公立大学設置時に3大学を1つの大学（県立広島大学）に統合し，統合前の大学はキャンパスとして維持する方向性を打ち出し，統合後の2007年に公立大学法人県立広島大学を設立しました。[*11]

公立大学法人の設置は2004年の地方独立行政法人法の制定によって初めて可能となりました。国の独立行政法人制度の地方への導入であるので，基本的な制度理念は独立行政法人と同じです。しかし，公立大学法人の業務は大学等教育機関の設置管理となるため，別途法律内で公立大学法人への特例規定の章を設けて他の業務を担う地方独立行政法人との線引きが図られています。[*12]

公立大学の公立大学法人への転換は地方自治体が決定することとなっています。[*13] つまり，地方自治体は既存の公立大学を法人化するかどうかの判断を選択することができるようになります。地方議会の議決を経て，総務大臣と文部科学大臣が認可して初めて公立大学法人の設立が認められます。このような経緯から，公立大学法人の設立団体は地方自治体となります。

公立大学法人と従来の公立大学との違いは組織運営や財政の部分に最も大きく表れてきます。まず，組織運営の面では，従来の公立大学では教職員は全員地方公務員であり，大学運営に関する重要事項の審議は学内者のみで構成される評議会が担っていました。公立大学法人になると，まず教職員は全員非公務員となります。また，大学運営に関する事項を教育研究と経営に分け，教育研究事項に関しては教育研究審議機関，経営事項に関しては経営審議機関が担うようになります。両審議機関の構成員は学外者と学内者によって構成され，法人の設立団体である地方自治体は両者に大学経営に関する権限を集中させています。次に，財政的な面では，設立団体が交付する運営費交付金が大学経費の

[*11] 公立大学の再編統合については公立大学協会『地域とともにつくる公立大学――公立大学協会60周年記念誌』2010年を参照。

[*12] 例えば，大学等の設置・管理にかかる業務やそれに付帯する業務以外の業務は行ってはいけないと定められており，他業務が禁止されている（地方独立行政法人法第70条）。

[*13] 法人への転換を実施しないと判断した自治体もある。

平均して約5割を占めていますが，交付金に対しては0.5～10％の効率化係数を乗じることで交付金の削減がなされています。[*14]

公立大学法人をめぐる近年の動向としては，高知県の高知工科大学や沖縄県の名桜大学に代表されるような公設民営の私立大学（公設民営大学）の公立大学法人化をあげることができます。公設民営大学は，設立した学校法人に対して地方自治体が土地や施設を寄付し，さらに財政補助を与えることによってつくられた私立大学です。しかし，他の私立大学と異なる点は，もともと地域の要望によってつくられた経緯であるために地方自治体からの物的・金銭的支援が多く投入されている点にあります。これら公設民営大学は入学者数の減少などによって経営的に苦しくなった時に，学生確保の方策の一つとして公立大学法人になるケースが多くありました。公立大学法人になることによって授業料を公立大学並みに安く抑えることができるため，大学経営の観点からすると入学者増に貢献する方策となります。一方で，行政側にとっては私立大学を公立大学法人化することで法人の設立者となるため，公立大学法人に対する運営費交付金として新たな財政支出が発生することになります。

3　私立大学と学校法人

私立大学は学校法人が設置します。私立大学の所轄庁は文部科学大臣であるため，私立大学関係の業務は実際には文科省高等教育局の私学部が担っています。文科省から私立大学に対して交付される私立大学等経常費補助金は私立学校振興助成法を法的根拠としています。[*15] この補助金の目的は私立学校振興助成法第1条で，私立学校の教育条件の維持向上，私立学校在学生の修学上の経済的負担軽減，私立学校の経営の健全性を高めることが目的としてあげられています。高校と同じように人件費や光熱費等通常の学校経営にかかる経常費に対する補助が交付されています。特に私立学校は収入の大半を在学生からの授業

---

*14　公立大学法人の財政については，渡部芳栄「地方公共団体による公立大学法人運営の方針」『大学論集』47，2014年，pp. 153-168を参照。
*15　2018年度予算では約2,688億円が計上されている（文部科学省2018年度予算）。

料に頼っているため，補助金を交付することによって一定の収入を確保し，授業料を低く抑えることが期待されています。

　私立大学への補助金は文科省から直接大学に対して交付されるわけではなく，日本私立学校振興・共済事業団（以下，私学振興事業団）を通じて行う間接補助の形式をとっています。私学振興事業団は役員等に私学関係者が多く入っており，各私立大学への補助金の配分に私学関係者の意見を反映しやすくすることができる点や，通常業務として学校法人の経営状況把握などを行っている私学振興事業団が間に入ることで，私学経営の健全化に向けた施策を打ちやすくなることが期待されています。

　経常費補助は，経常費すべてを包含した一般補助と，私学振興事業団が定めた特定の項目を実施するために交付される特別補助に分かれています。一般補助は交付された後の使用用途を大学に対して指定していませんが，特別補助はその項目に関係することにのみ支出が可能となります。1980年代以降，経常費補助の一般補助と特別補助のうち，特別補助の割合が増加傾向にあります。特別補助の項目も「地方に貢献する大学等への支援」[16]などのように，文科省の大学改革の動向に影響を受けた設定となっています。

　また，2013年より開始された私立大学改革総合支援事業では，学生の主体的な学びを充実させるなどの「教育の質的転換」，地域社会貢献による「地域発展」等，5つのタイプを作成し，各私立大学から応募を募っています[17]。選定された場合は私立大学等経常費補助等への増額などによって事業の資金が配分されます。

　これらの特別補助や私立大学改革総合支援事業が私学助成の総額に占める割合はそれぞれおよそ15％，5％と高くはないのですが，文科省が定めた大学改革を実行すると補助金をより多く得ることができるしくみとして私学助成制度のなかに組み込まれてきています。

---

*16　詳しくは日本私立学校振興・共済事業団が発行している「私立大学等経常費補助金取扱要領　私立大学等経常費補助金配分基準」を参照。
*17　評価指標を含めた詳細は文部科学省が出している「平成29年度私立大学等改革総合支援事業調査票」等を参照。

第 4 章　高等教育・私立学校行政と学校

 まとめ

　日本の私立学校と高等教育制度は公立小中高校とは異なる「法人」という設置者によって担われています。私立学校を設置する学校法人は私人によって設置された法人であるため，監督者としての所轄庁が存在しつつも建学の精神などの自由が認められてきました。一方で国立大学法人と公立大学法人は行政改革の一環で誕生したものであり，法人の大学経営に対して行政側が一定の影響力を行使できる環境が残されているところが特徴です。行政は法人に対して運営費の一定割合を補助していますが，近年では行政側の意向が強く反映される補助金項目が増えてきています。独立した経営体であるはずの法人であっても，行政の影響を強く受けた運営が行われていると考えられます。

 さらに学びたい人のために

○日本教育行政学会研究推進委員会（編）『首長主導改革と教育委員会制度』福村出版，2014年。
　　この書籍の第11章，第13章では，首長を所轄庁とする公立大学行政と私学行政について，首長の影響力という観点からどのように変容してきたのかについての分析を行っています。

○市川昭午『教育の私事化と公教育の解体──義務教育と私学教育』教育開発研究所，2007年。
　　個人の利益を追求する「教育の私事化」が公教育制度に与える影響について書かれています。特に第5章と第6章は私学教育について，その在り方と政策動向について説明しています。

○黒木登志夫『落下傘学長奮闘記──大学法人化の現場から』中央公論新社，2009年。
　　国立大学法人化前後の7年間にわたって岐阜大学の学長を務めた著者が，法人化によって一地方国立大学がどのように変わり，その変化にどのように対応していったのかについて関係者の目線から明らかにしています。

第5章
特別支援教育と学校・学校外教育
──変動する教育機会の保障と教育制度──

● ● ● 学びのポイント ● ● ●

- 特別支援教育の制度を理解する。
- 特殊教育と特別支援教育の理念の違いを理解する。
- 学校教育と学校外教育の境界と近年の変化について理解する。

WORK　学校は不自然な場所？

① 次の文章は学校教育法第1条に定められる「学校」（一条校については本書第3章参照）を批判したものです。あなたはこの批判に同意しますか。同意しませんか。その理由もあわせて考えてください。

> ・「学校」があるにもかかわらず，フリースクールが別に自由に誕生してきたのには理由がある。近代学校は，大量生産の工業化社会にみあった教育を国家の必要から展開する場としてつくられ，制度化されていった。一定の場所に通い，決められた時間，決められた内容をこなす場所である。しかも多数の子ども・若者に，効率よく，一定の知識・技術を授け，なおかつ，その国家・社会の価値観・倫理観を体現して，身体も鍛錬された次世代を育てる教育を施すとすれば，決まったように通学し，決まった内容を一斉指導で教え，競わせ，学力・行動・性格も評定し，卒業が付与されるシステムになっていく。そこでは教師の権力は強く，子ども・若者は生徒として，素直な服従が期待される。
>
> ・もちろん，近代学校の発達が近現代社会の維持・発展に寄与したことは事実なのであるが，興味・関心よりも国家カリキュラムが優先される。子ども個人や親から見れば，個性に合わない，枠に合わせるためのがまんやストレス，人間関係からくる抑圧感などを感じる人たちも多い。生命が誕生し，育ち，成人していく自然さを大事にしたい人から見れば，学校は便利かもしれないが不自然なところである。
>
> 　　（出所：NPO法人東京シューレ（編）『フリースクールとはなにか──子どもが創る・子どもと創る』教育史料出版会，2000年，p. 16より。）

② 上記の文章にある「自然さ」を大事にする学校には何が必要でしょうか。グループのなかで発表し合いましょう。

第5章　特別支援教育と学校・学校外教育

● 導　入 ●　●　●　●　●　●

　本章では特別支援教育と学校外教育に関する制度，行政のこれまでの変化と現状について学習します。両者に共通するのは大多数の児童生徒が通う普通学校での教育ではないということ，歴史的には普通学校での教育に比して後発的に発展し，徐々に公教育に位置づけられ，または位置づけられようとしたことです。本章ではこれらの教育を取り巻く制度，行政の変化の背景に触れつつ現状について解説します。

●　●　●　●　●　●　●

【担当部門】
　文部科学省（初等中等教育局特別支援教育課，初等中等教育局児童生徒課）
【重要法令】
　学校教育法，障害者基本法，義務教育の段階における普通教育に相当する教育の機会の確保等に関する法律
【重要答申類】
　中央教育審議会「特別支援教育を推進するための制度の在り方について（答申）」（平成17年12月8日）
　教育再生実行会議「『学び続ける』社会，全員参加型社会，地方創生を実現する教育の在り方について（第六次提言）」（平成27年3月4日）

1　特別支援教育の制度と行政

1　特別支援教育の制度

　特別支援教育とは，障害児の「自立や社会参加に向けた主体的な取組を支援するという視点に立ち，幼児児童生徒一人一人の教育的ニーズを把握し，その持てる力を高め，生活や学習上の困難を改善又は克服するため，適切な指導及び必要な支援を行うもの」[*1]です。この指導・支援を目指し，普通学校，特別支

---

*1　文部科学省初等中等教育局長通知「特別支援教育の推進について（通知）」（平成19年4月1日）。

援学校（以下，支援学校）では，在学する障害児のために個別の教育支援計画，個別の指導計画の作成がなされます。また，どちらの学校でも教員のなかから特別支援教育コーディネーターが指名されます。

　個別の教育支援計画は，乳幼児期から学校卒業後までの長期的視点から，福祉，医療，労働等の関係機関と連携して作成される教育支援の計画です。個別の指導計画は，教育課程や支援計画を踏まえ作成される具体的な指導の計画です。各校種学習指導要領（以下，要領）により，両計画の作成は，小・中学校，高校で努力義務，支援学校で義務となっています。コーディネーターは指導・支援の推進役で，多くは特別支援学級（以下，支援学級）担任が担います。障害児の指導の校内調整，医療，保健，福祉機関等との連携，保護者の窓口等の役割を担います。指名は法令上義務ではありませんが，文部科学省（以下，文科省）の通知では，「校務分掌に明確に位置付けること」とされます[*2]。

　2017年9月1日現在，2つの計画の作成は，小・中学校で90％以上ですが，公立高校，私立学校では80％未満です。また，公立小・中学校，高校のコーディネーター指名はほぼ100％ですが，私立学校では47.4％です[*3]。

　次に，支援の場に関する制度です。支援の場は，障害の種類や程度によって4つの種類があります（表5-1）。後三者は普通学校で行われる支援です。

　第一の場は特別支援学校です。2007年以前は盲・聾・養護学校の3校種でしたが，増加する重度・重複障害児への柔軟な対応のため1校種となりました。かつての3校種と同様，学校教育法（以下，学教法）では都道府県に支援学校の設置義務を課しています（学教法第80条）。支援学校の膨大な経費を考慮しているためですが，障害児の生活する地域と離されがちな都道府県立ではなく，市町村立学校にすべきとの意見もあります[*4]。支援学校の小・中学部の1学級の児童生徒数の標準は6人（重複障害の場合3人）で，普通学校よりも恵まれています（公立義務教育諸学校の学級編制及び教職員定数の標準に関する法律（以下，義務

---

*2　文部科学省初等中等教育局長「特別支援教育の推進について（通知）」（平成19年4月1日）。
*3　文部科学省「平成29年度特別支援教育体制整備状況調査」。
*4　清水貞夫（編著）『インクルーシブ教育への提言──特別支援教育の革新』クリエイツかもがわ，2012年。なお，2017年度，設置者別の支援学校数は国立45校，都道府県立952校，市立124校，私立14校となっている（文部科学省「平成29年度学校基本調査」）。

第 5 章　特別支援教育と学校・学校外教育

表 5-1　障害児に対する支援の場

特別支援学校 (学教法第80条)	視覚障害者，聴覚障害者，知的障害者，肢体不自由者，病弱者
特別支援学級 (学教法第81条第2項)	知的障害者，肢体不自由者，身体虚弱者，弱視者，難聴者，その他障害のある者で，特別支援学級において教育を行うことが適当なもの（言語障害者，自閉症者，情緒障害者等）
通級による指導 (学教法施行規則第140条)	言語障害者，自閉症者，情緒障害者，弱視者，難聴者，学習障害者，注意欠陥多動性障害者，その他障害のある者で通級による指導が適当なもの
通常学級 (発達障害のある児童生徒への支援について（通知）)	軽度の発達障害（学習障害，注意欠陥多動性障害，高機能自閉症，アスペルガー症候群等）のあるものなど

出所：筆者作成。

標準法）第3条第3項）。同校では支援学校要領に基づく教育が行われますが，そのなかには障害の種々の困難を改善・克服するための「自立活動」という特別な指導領域があります。なお，支援学校は教育機関としての役割だけではなく，教職員の高い専門性を生かした地域の特別支援教育のセンター的機能を果たすことも期待されています。[*5]

　第二の場は特別支援学級です。通常，支援学級は普通学校に障害の種類に応じて置かれ，「障害による学習上又は生活上の困難を克服するための教育」（学教法第81条第1項）がなされます。基本的には小・中学校学習指導要領に基づく教育が行われますが，障害児の実態に応じて支援学校要領を参考にした特別の教育課程による教育が可能です。支援学級の1学級の児童生徒数の基準は8人となっています（義務標準法第3条第2項）。

　第三の場は通級による指導です。1993年に導入された支援形態で，対象児は日常は通常学級に在籍し，特定の時間だけ通級指導教室に移動して特別の教育課程による指導を受けます。2006年の学教法施行規則改正により，対象の障害に発達障害と呼ばれる学習障害，注意欠陥多動性障害が加わりました。2017年

＊5　中教審答申では，①小・中学校等教員への支援，②特別支援教育等の相談・情報提供，③障害児への指導・支援，④福祉，医療，労働等の関係機関等との連絡・調整，⑤小・中学校等教員への研修協力，⑥障害児への施設設備等の提供，の6つをあげている（中央教育審議会「特別支援教育を推進するための制度の在り方について（答申）」（平成17年12月8日））。

には義務標準法改正によりこの指導が教職員定数（基礎定数）の対象となりました（児童生徒13人に1人）（第7条第1項第5号）。

　第四の場は通常学級です。2002年の文部科学省「通常の学級に在籍する特別な教育的支援を必要とする児童生徒に関する全国実態調査」により，通常学級に発達障害児が6.3％存在する可能性が判明しました。これにより，かつて見逃されていた児童生徒への支援をすべく，既述の校内の支援体制が整備されたのです。

　障害児の上記の支援の場を決定するのが就学制度です。学齢児童生徒の就学校は市町村教育委員会が決定しますが，かつての制度のもとでは障害児は障害の種類や程度により強制的に特殊学級か盲・聾・養護学校に振り分けられていました。しかし，2011年障害者基本法改正の際，障害児と普通児との共学の配慮（第16条第1項），障害児・保護者への情報提供，意向尊重の義務（同条第2項）等のインクルーシブ教育システムを目指す規定が加わりました。障害児の就学校を決定する際には，障害児の教育的ニーズと普通学校の施設・設備，合理的配慮[*6]が検討され，最終的な決定にあたっては市町村教育委員会や学校と障害児・保護者との間で事前に合意を図ることになりました。なお，合理的配慮の提供は支援計画に盛り込まれることになっていますが，現在その実施状況は74.6％となっています[*7]。

2　特別支援教育の行政

　文科省の障害児教育の担当課は特別支援教育課です。戦後直後には担当課はなく，1952年に特殊教育室が置かれ，初等・特殊教育課，特殊教育主任官室を経て，1962年から2000年まで特殊教育課が置かれました。その後，後述の政府の施策の影響を受け，2001年に特別支援教育課と改称され，現在に至ります。

---

*6　障害者基本法では，障害者の「日常生活又は社会生活を営む上で障壁となるような社会における事物，制度，慣行，観念その他一切のもの」（第2条第2項）である社会的障壁について，実施に伴う負担が過重でない時はその除去について必要かつ合理的な配慮がなされなければならないとしている（第4条第2項）。

*7　文部科学省「平成29年度特別支援教育体制整備状況調査」。

第5章 特別支援教育と学校・学校外教育

　かつての特殊教育行政では「障害の種類や程度に応じて盲・聾・養護学校や特殊学級といった特別な場で指導を行うことにより，手厚くきめ細かい教育を行う」ことを理念としました。この理念は戦後，徐々にかたちづくられました。1946年，日本国憲法で教育を受ける権利が規定されました（第26条第1項）。これにより戦前就学免除・猶予を受けた障害児も教育機会を得られるはずでした。しかし，戦前，知的障害，肢体不自由，病弱等の障害児の教育実績は乏しく，かつ養護学校，特殊学級の設置は少数でした。戦後復興や新制中学校の設置等の重い財政負担のなかで，教育が可能か不明な障害児の学校，学級の設置は困難であり，特に重度障害児の教育機会は棚上げされました。

　当時の文部省は障害児の教育機会を保障すべく，障害の種類や程度に応じた教育実践の研究を推進・推奨し，一方で特殊学級・養護学校設置のための法的整備・予算獲得を進めていきました。その際，財務当局に説明するため，障害の種類や程度に応じて教育の場を明確にすることが必要となりました。軽度の障害児は特殊学級，重度の障害児は養護学校という原則はこの目的のためつくられました。これらの努力により，1979年には障害児の就学義務制が実現しました。

　ただし，その実現は必ずしもすべての障害者に歓迎されたわけではありません。普通学校ではない学校，通常学級ではない学級に分離されることにより社会とのつながりが薄れる問題が指摘され，多くの障害者やその団体から批判や反対運動がなされました。この批判や運動は，上述の障害者基本法の改正による共学原則の実現へと結びついています。

　特別支援学校，学級数の推移を確認します（図5-1，5-2）。支援学校数は1950年代半ばから特に養護学校が急激に増加しました。1948年に1校もなかった養護学校は，1978年までの30年間で502校（知的障害282校，肢体不自由139校，病弱81校）になり，翌年養護学校義務制を実現しました。一方，支援学級数は，1948年には239学級（小学校222，中学校17）でしたが1978年には2万1,508学級（小学校1万4,353，中学校7,155）になります。

＊8　中央教育審議会「特別支援教育を推進するための制度の在り方について（答申）」（平成17年12月8日）。

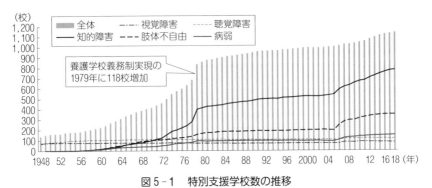

図5-1　特別支援学校数の推移
出所：文部省・文部科学省「学校基本調査（各年度）」より筆者作成。

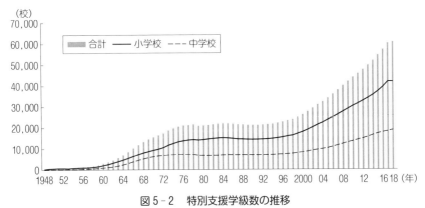

図5-2　特別支援学級数の推移
出所：文部省・文部科学省「学校基本調査（各年度）」より筆者作成。

　ところで，1970年代以降，その伸びは緩やかになりますが，2000年頃から支援学級は急増します[*9]。実は，支援学校，学級の在籍者数は近年非常に増加しており，教室不足が指摘されています。この背景にあるのが，特殊教育行政から特別支援教育行政への転換です。

　特殊教育行政は「特別な場」の整備と障害種別の細かな教育が焦点でした。しかし，1990年代に，「サラマンカ声明」[*10]に代表されるインクルーシブ教育を

---

*9　特別支援学校在籍者は2000年9万104人から2018年14万3,379人，学級在籍者は，2000年7万2,921人から2018年25万5,520人となっている。

68

目指す国際潮流，政府のノーマライゼーションの理念に基づく障害者政策を背景に，障害者の自立や社会参加を促す教育が目指されました。また，障害の重度・重複化への対応，発達障害児の存在の認知により，教育的ニーズに応じた支援を早期から行う必要性が認識されました。上述の増加は，政策的に個人の教育的ニーズに焦点を当てて支援を行った結果です。一方，理解の乏しい普通学校からの障害児の安易な「排除」がなされているとの危惧の声もあります。

2 学校・学校外教育の境界とその揺れ動き

1 一条校とそれ以外の場での教育に関する制度

日本の学校教育は「一条校」の教育を指します。たとえ子どもが通っていたとしても，それ以外の場の教育は学校教育ではありません。従来教育行政は前者の教育を対象とし，後者の教育は対象としてきませんでした。ところが近年主に不登校児童生徒の教育機会の保障の観点から，一条校以外の教育にまで目配りする必要が出てきました。

日本国憲法では国民の教育を受ける権利にあわせて，普通教育を受けさせる義務を規定しています（第26条第2項）。学教法はこの義務を「就学義務」としています（第17条第1項，第2項）。つまり，一定期間の就学が義務履行になるのです。これに基づき，学校では一定の制度の枠組みにより教育がなされます。例えば学校管理職，教員の資格，入学可能な子ども，公立学校の入学先，教育内容等，すべてが法令によって規定されています。

---

*10 **サラマンカ声明**：1994年，スペインのサラマンカにおいて開催されたユネスコ，スペイン政府主催の「特別なニーズ教育に関する世界会議：アクセスと質」で採択された声明である。92か国の政府，25の国際組織の代表者によってインクルーシブ教育の原則やそのための教育の基本政策が討議された。

*11 「障害者を特別視するのではなく，一般社会の中で普通の生活が送れるような条件を整えるべきであり，共に生きる社会こそノーマルな社会であるとの考え方」『障害者基本計画』（平成14年12月24日閣議決定）。

*12 鈴木文治『排除する学校——特別支援学校の児童生徒の急増が意味するもの』明石書店，2008年。

*13 「一条校」については，本書第3章参照。

その制度の枠組みでは教育を受けられない，またそれ以外の教育を受けたい子ども，受けさせたい保護者，教育者は，別の場での教育を求めます。その名称は特段決まっているわけではありません。文科省が2015年に実施した調査の名称を使用すれば「小・中学校に通っていない義務教育段階の子供が通う民間の団体・施設」です。ある研究ではそれを「オルタナティブスクール」と呼んでおり，①フリースクール，②デモクラティックスクール，③シュタイナー学校，④外国人学校・インターナショナルスクール，⑤サポート校，⑥自主夜間中学校，⑦塾，⑧居場所・フリースペース，に類別しています[*14]。

この団体・施設に通わせることは義務履行にはならず，従来であれば一条校ではない場に文科省が関与するものではありません。ところが，そこには，積極的か消極的かは様々ですが，公立学校に学籍のある不登校児が多くおり，その成長に大きく寄与していました。それゆえ，文科省も見逃せない事態になったのです。

2 不登校児に関する教育行政

不登校に関して文部科学省「児童生徒の問題行動・不登校等生徒指導上の諸課題に関する調査」[*15]では，連続または断続して年間30日以上欠席し，何らかの心理的，情緒的，身体的あるいは社会的要因・背景により，児童生徒が登校しないあるいはしたくともできない状況である（ただし，病気や経済的な理由によるものを除く）と定義しています。その数は，2017年，小・中学校14万4,031人（全体の1.5％），高校4万9,643人（全体の1.5％）です。小・中学校では1998年より1％を，高校では調査開始の2004年より1.5％を超え続けています。

文科省は不登校の問題に関してスタンスを変えてきました（表5-2）。1992年には不登校児の学校復帰に力点を置いていました。その2年前の1990年には

---

*14 藤根雅之・橋本あかね「オルタナティブスクールの現状と課題――全国レベルの質問紙調査に基づく分析から」『大阪大学教育学年報』21, 2016年, pp. 89-99。
*15 2015年度まで「児童生徒の問題行動等生徒指導上の諸問題に関する調査」であったが，2016年度に現在の調査名に変更された。

表5-2 2003年までの不登校児童生徒に関する通知,答申の記述内容

1992年 文部省「登校拒否問題への対応について(通知)」	・登校拒否はどの児童生徒にも起こり得るもの。 ・学校,家庭,関係機関,本人の努力等によって,登校拒否の問題はかなりの部分を改善ないし解決することができる。
1996年 中央教育審議会「21世紀を展望した我が国の教育の在り方について(答申)」	・登校拒否の子どもへの指導にあたって,元の仲間や生活に戻ることのみにこだわるのではなく,子どもが登校拒否を克服する過程でどのように個性を伸ばし,成長していくかという視点を大切にして,ゆっくり時間をかけて取り組むことも大切なことである。
2003年 文部科学省「不登校への対応の在り方について(通知)」	・不登校という状況が継続すること自体は,本人の進路や社会的自立のために望ましいことではなく,その対策を検討する重要性について認識をもつ必要がある。 ・不登校を「心の問題」としてのみ捉えるのではなく,「進路の問題」として捉える。

出所:筆者作成。

　不登校児を対象に学校復帰を支援する適応指導教室(2003年から教育支援センターと改称)事業が開始されますが,その名称の通り,同教室では学校適応の指導がなされました。[*16] その後,1990年代半ばから個人の成長に力点を置きますが,2003年には再び学校復帰に力点を置き始めます。

　この学校復帰政策からの方向転換がなされた契機が2016年の義務教育の段階における普通教育に相当する教育の機会の確保等に関する法律(以下,教育機会確保法)の制定です。フリースクールの東京シューレやフリースクール全国ネットワークの呼びかけにより2012年に結成された「多様な学び保障法を実現する会」は不登校児の学びの機会を保障するべく国会議員に働きかけを行いました。その結果,2014年,2015年の教育再生実行会議の提言(第5次,第6次提言)で学校外教育の公教育への位置づけを明確にする指摘がなされ,最終的に上記法律が議員立法として成立しました。同法では,個々の不登校児童生徒の状況に応じた必要な支援が行われること(第3条),そのために国及び地方公共団体が不登校児童生徒やその保護者に情報提供,助言等の支援に必要な措置を講ずる義務を定めています(第13条)。これらの動きを受け,文科省は2016年に再度,個人の成長に力点を置き始めています(表5-3)。

---

*16　なお,2017年度の文部科学省調査によれば教育支援センターの設置数は,2017年度,都道府県25,市町村1,396である。

表5-3　2016年以降の不登校児童生徒に関する通知，指導要領解説の記述内容

2016年 文部科学省「不登校児童生徒への支援の在り方について（通知）」	児童生徒の才能や能力に応じて，それぞれの可能性を伸ばせるよう，本人の希望を尊重した上で，場合によっては，教育支援センターや不登校特例校，ICTを活用した学習支援，フリースクール，夜間中学での受入れなど，様々な関係機関等を活用し社会的自立への支援を行うこと。
2017年 文部科学省「不登校児童生徒による学校以外の場での学習等に対する支援の充実について（通知）」	不登校児童生徒の多様な状況に対応したきめ細かい支援を行うため，教育委員会・学校と，民間の団体等とが連携し，相互に協力・補完し合うことが重要であること。また，不登校児童生徒が通う場を通じた支援を充実させる上で，民間の団体等の間の連携協力の取組などにより，その活動の充実が図られることは重要であること。
2017年 中学校学習指導要領解説 総則編	不登校生徒については，個々の状況に応じた必要な支援を行うことが必要であり，登校という結果のみを目標にするのではなく，生徒や保護者の意思を十分に尊重しつつ，生徒が自らの進路を主体的に捉えて，社会的に自立することを目指す必要がある。

出所：筆者作成。

ただし，教育機会確保法の制定のプロセスで議論にはなったものの，普通教育を受けさせる義務を就学義務と同一視するルールは変わっておらず，議論の余地を残しました。公教育の枠外にある教育を今後教育制度にどのように位置づけることになるのか，注目されます。

 まとめ

　ある時代につくられた教育制度はその時代の様々な制約のもとにつくられ，それゆえいつの時代もその制度の枠組みではおさまらない人々がいます。その人々の教育を受ける権利を保障するためには新しい制度を考えねばなりません。かつて教育を受けられなかった障害児，一条校という限られた教育機会では教育を享受できなかった不登校児は教育制度による壁に当たりました。しかし，新たな教育の理念と教育行政の支えにより新しく外延を広げた教育制度は，子どもの教育の機会を広げていきました。今後も様々な人々の教育機会は，新たな理念と教育行政の支えを受けた新たな教育制度によって保障されていくことになるでしょう。

さらに学びたい人のために

○中村満紀男・荒川智（編著）『障害児教育の歴史』明石書店，2003年。
　障害児教育の世界史および日本史を詳細に，しかしわかりやすく整理した書籍です。国の制度，政策の表面的な移り変わりだけではなく，時代ごとの世相や障害児教育に関わった人物，団体の動きまで理解することができます。

○奥地圭子『不登校という生き方——教育の多様化と子どもの権利』日本放送局出版，2005年。
　東京シューレを開設した奥地氏の不登校に対する考え方や，東京シューレの子ども，教育，運営について記した書籍です。不登校を権利として認めるべきとした奥地氏の主張は，教育機会確保法とのつながりを感じさせます。

第6章

教育課程行政
──学習指導要領を「使いこなす」ということ──

● ● ● 学びのポイント ● ● ●

- 「学習指導要領」の変遷について概観し，文部科学省や中央教育審議会においてどのようなプロセスや議論を経て改訂されているかを理解する。
- 学校教育において「学習指導要領」が果たしている役割とともに，教育課程行政が学校における教育課程の編成や日々の授業をどのように支えているかを理解する。
- 児童生徒や地域の実態に応じた教育活動を積極的に展開するために，学校や教員が「学習指導要領」などの教育課程を支えるしくみを「使いこなす」意義や方法を理解する。
- AIの飛躍的進化，Society 5.0と言われる未来社会において，学校の教育課程や教育課程行政の役割がどう変化するかを考える。

WORK　国民が学校に求めている役割を考えよう

　国民の代表で構成される国会で成立した法律は，国民の意思を表しています。法律である教育基本法や学校教育法は，我が国の小中高等学校等は「公の性質」をもつ（教育基本法第6条第1項）と定めるとともに，教育や義務教育，それぞれの学校種について，「目的」と「目標」を規定しています。以下の【参考】を踏まえ教育基本法や学校教育法の条文を調べ，教育，義務教育，小中高等学校といった関心のある学校種の「目的」と「目標」を書き出した上で，学校や教員は国民のいかなる負託（要請）を受けて公教育に携わっているかを考察してください。

【参　考】
○「教育」の目的と目標
　　教育基本法
　　　第1条（教育の目的）　教育は，人格の完成を目指し，平和で民主的な国家及び社会の形成者として必要な資質を備えた心身ともに健康な国民の育成を期して行われなければならない。
　　　第2条（教育の目標）　教育は，その目的を実現するため，学問の自由を尊重しつつ，次に掲げる目標を達成するよう行われるものとする。
　　　一　幅広い知識と教養を身に付け，真理を求める態度を養い，豊かな情操と道徳心を培うとともに，健やかな身体を養うこと。
　　　二　個人の価値を尊重して，その能力を伸ばし，創造性を培い，自主及び自律の精神を養うとともに，職業及び生活との関連を重視し，勤労を重んずる態度を養うこと。
　　　三　正義と責任，男女の平等，自他の敬愛と協力を重んずるとともに，公共の精神に基づき，主体的に社会の形成に参画し，その発展に寄与する態度を養うこと。
　　　四　生命を尊び，自然を大切にし，環境の保全に寄与する態度を養うこと。
　　　五　伝統と文化を尊重し，それらをはぐくんできた我が国と郷土を愛するとともに，他国を尊重し，国際社会の平和と発展に寄与する態度を養うこと。
○「義務教育」の目的と目標
　　教育基本法第5条第2項（義務教育の目的），
　　学校教育法第21条（義務教育の目標）
○「小学校」の目的と目標
　　学校教育法第29条（小学校の目的），第30条（小学校教育の目標）
○「中学校」の目的と目標
　　学校教育法第45条（中学校の目的），第46条（中学校教育の目的）
○「高等学校」の目的と目標
　　学校教育法第50条（高等学校の目的），第51条（高等学校教育の目的）
○「特別支援学校」の目的
　　学校教育法第72条（特別支援学校の目的），第73条（特別支援学校の目的の明示）

第6章 教育課程行政

● 導 入 ● ● ● ● ● ● ●

　学校は，全国的に一定の教育水準を確保し，児童生徒に教育を受ける機会を保障するために定められた「学習指導要領」にのっとり，地域や学校，児童生徒の実態に応じた創意工夫を加えて教育課程を編成，実施しています。このように，教育課程を編成する権限と責任をもっているのは学校であり，学校における教育課程の編成と実施を支えることが教育行政の最も重要な役割の一つです。本章では，「学習指導要領」を中心に，学校における教育課程の編成と実施を支えるための行政（教育課程行政）の役割について扱います。教育課程行政について学ぶことを通じて，教育課程編成の主体が学校であることの意味を捉え直し，目の前の児童生徒の実態に応じた教育活動を積極的に展開するために，学校や教員が「学習指導要領」などの学校の教育課程を支えるしくみを「使いこなす」意義や方法を理解することが本章の目的です。

● ● ● ● ● ● ● ●

【担当部門】
　各学校，教育委員会，文部科学省（初等中等教育局教育課程課，財務課）など
【重要法令】
　教育基本法，学校教育法，公立義務教育諸学校の学級編成及び教職員定数の標準に
　　関する法律，学習指導要領　など
【重要答申類】
　中央教育審議会「幼稚園，小学校，中学校，高等学校及び特別支援学校の学習指導
　　要領等の改善及び必要な方策等について（答申）」（平成28年12月21日）
　中央教育審議会「新しい時代の教育に向けた持続可能な学校指導・運営体制の構築
　　のための学校における働き方改革に関する総合的な方策について（答申）」（平成
　　31年1月25日）

1　「教育課程行政」の意味

　本章で扱う「教育課程行政」は，「教育課程」と「行政」という2つの言葉を組み合わせています。
　「教育課程」とは，「学校教育の目的や目標を達成するために，教育の内容を生徒の心身の発達に応じ，授業時数との関連において総合的に組織した各学校

の教育計画」(「中学校学習指導要領解説（総則編）」)であり，①学校の教育目標，②年間の指導計画，③授業時数の配当（時間割）の３つが重要な要素です。

一方，「行政」とは，国民の代表で構成された国会（地方自治体においては，住民から直接選挙される首長と議会）によって決定された公共政策を実行するための活動です。

つまり，国民や住民の意思である法律や条例，予算などにしたがって，学校における教育課程の編成やその実施を支えるための文部科学省や教育委員会などの活動が「教育課程行政」です。

2　公教育への信頼と支援の好循環の確立と学習指導要領

その教育課程行政において最も重要な役割を果たしているのが，教育基本法や学校教育法といった法律に基づき，各学校における教育課程の全国的な基準として，文部科学大臣が定めている「学習指導要領」です。

我が国の教育関係の法律は，「目的」（その教育は何のために行われるのか）と「目標」（目的を実現するための具体的なめあては何か）の連鎖で学校制度をかたちづくっています。

まず，教育基本法においては，学校教育や社会教育などを含めた広い意味での教育の「目的」（第１条）と「目標」（第２条）を定め，また，義務教育の「目的」を規定しています（第５条第２項）。学校教育法は，この義務教育の目的を踏まえて，義務教育の「目標」を定めています（第21条）。その上で，学校教育法は各学校種の目的と目標を定めており，例えば，小学校については，その「目的」を第29条に，「目標」を第30条第１項で規定する構造になっています。これらの条文を並べて書き出してみると（WORK），例えば，国民は，我が国の義務教育に対して，①「社会において自立的に生きる基礎」を培うこと，②「国家及び社会の形成者として必要とされる基本的な資質」を養うことを負託

＊１　同条第２項は，「基礎的な知識及び技能」「これらを活用して課題を解決するために必要な思考力，判断力，表現力その他の能力」「主体的に学習に取り組む態度」という学力の三要素を定めている。

（要請）していることがわかります。他方，「○○をしてはならない」という消極的なかたちで公教育に対する要請を定めている例として，「特定の政党を支持し，又はこれに反対するための政治教育その他政治的活動」や国公立学校における「特定の宗教のための宗教教育その他宗教的活動」の禁止をあげることができます（教育基本法第14条第2項，第15条第2項）。

このような法律というかたちで表されている国民の負託を踏まえ，公教育においては，全国的に一定の教育水準を確保し，全国どこの学校においても同水準の教育を受けることができる機会を保障することが必要です。そのために，学校教育法は「小学校の教育課程に関する事項は，第29条及び第30条の規定に従い，文部科学大臣が定める」（第33条）と規定しています（中学校や高等学校，特別支援学校等も同様）。この規定により，文部科学大臣が，法規としての性格[*2]を有するものとして，教科等の目標や内容などについて必要かつ合理的な事項を大綱的に示した教育課程の全国的な基準が，「学習指導要領」です。

したがって，学校が教育課程を編成し実施する際に，「学習指導要領」に示されている内容はすべての児童生徒に確実に指導しなければなりませんし，前述のような政治的活動や公立学校における宗教的活動は行ってはいけません。他方，「学習指導要領」は大綱的基準です。学校や教員は，学習指導要領が示したもの以外の内容を加えて指導したり，単元のまとまりを見通して特定の内容に思い切って重点を置いて指導したり，指導の順序を組み替えたりするなど児童生徒の実態に即した創意工夫が可能であり，効果的な教育活動にとってこの創意工夫が重要であることはもちろんです。さらに，文部科学省に申請することにより，学校や地域の特色を生かしたり，不登校の児童生徒に配慮したりした特別の教育課程を編成して実施することもできます（学校教育法施行規則第55条の2（教育課程特例校），第56条（不登校児童生徒特例校））。学校において，教

[*2] 法律の委任に基づき，国民の権利を制限し，国民に義務を課することを内容とする命令を「法規としての性格」を有する（法令用語としての）「命令」という。学習指導要領は，学校教育法第33条の規定に基づく文部科学省令（学校教育法施行規則第52条）の委任により制定された「告示」（国家行政組織法第14条第1項の規定に基づき各省大臣が所掌事務に関する必要な事項を公示したもの）であり，学校教育法を補充するものとして，学校や教師は，学習指導要領がすべての児童生徒に指導すると規定している内容を指導すべき職務上の義務を負う。その意味において，学習指導要領は法的拘束力を有する。

育の質の全国的な確保という共通性と，地域や児童生徒に応じた創意工夫に基づく多様性を両立させるための重要なしくみが，「学習指導要領」です。

3 60年にわたる学習指導要領改訂の変遷

　この学習指導要領は，社会の構造的な変化や児童生徒の状況を踏まえ，おおむね10年に一度，改訂（全面改正）されています。この60年にわたる学習指導要領の変遷をごく簡単に振り返ってみましょう。

　本書刊行時（2019年）において60歳代の方々（1950年代生まれ）が受けた教育課程の基準であり，初めて文部大臣の告示として公示された1958年（小・中学校の学習指導要領が公示された年。以下同じ）の学習指導要領は，社会科の創設など新しい理念に基づく戦後の新制小・中学校に対する「這い回る経験主義」といった批判を踏まえ，各教科のもつ系統性を重視し基礎学力の充実を図りました。同じく50歳代の方々（1960年代生まれ）は1968年改訂による教育課程で教育を受けました。この改訂により，我が国の教育課程は，高度経済成長を背景に，教育内容も授業時数も量的にピークを迎えました。しかし，多くの児童生徒が理解できないほどの多くの内容を早いスピードで指導したため「新幹線教育」といった批判を受け，現在40歳代の方々（1970年代生まれ）が受けた1977年改訂では，各教科の基礎的・基本的な事項を確実に身につけられるように教育内容を精選し，小・中学校の授業時数を1割程度削減するなど「ゆとりと充実」を目指しました。その後，30歳代（1980年代生まれ）の1989年改訂，20歳代（1990年代生まれ）の1998年改訂と改訂が重ねられてきましたが，特に1998年改訂においては，学校週5日制への対応と総合的な学習の時間の創設のために，小・中学校において，国語，算数・数学，理科，社会，外国語の授業時数を質・量ともにピークであった1968年改訂に比べ26％減と大幅に削減しました。

　しかし，現在10歳代の方々（2000年代生まれ）が学んでいる教育課程の基準である2008年改訂は，1998年改訂の課題を踏まえ，①削減した授業時数を回復させ，二次方程式の解の公式や遺伝の規則性などを中学校の指導内容として復活することにより，教科の体系性や系統性を回復するとともに，②各教科等で

「言語活動」に取り組み、発達の段階に応じて思考力等を着実に育成する具体的な手立てを確立することにより、「ゆとり」か「詰め込み」か、習得か探究かといった二元論を乗り越えることを目指しました。

2017年改訂は、AIの飛躍的進化[4]、Society 5.0[5]、第四次産業革命[6]といった言葉が未来社会を語るキーワードとなり、「AIが進化して人間が活躍できる職業はなくなるのではないか」「今学校で教えていることは時代が変化したら通用しなくなるのではないか」といった社会的な議論のなかで行われました。しかし、AI研究の最前線に立つ研究者は、AIが「解なし」と言った時に求められる人間としての強みを発揮するための力は、読解力や思考力、対話し協働する力といったこれまでの我が国の学校教育が重視してきた資質・能力にほかならないと指摘しています[7]。そのため、2017年改訂は、2008年改訂の基本的な枠組みを維持しつつ、語彙の確実な習得や情報と情報の関係性の理解などの読解力

---

[3] 中央教育審議会「幼稚園、小学校、中学校、高等学校及び特別支援学校の学習指導要領等の改善について（答申）」（平成20年1月17日）では、1998年改訂の課題が5点にわたって提示された。他方、「幼稚園、小学校、中学校、高等学校及び特別支援学校の学習指導要領等の改善及び必要な方策等について（答申）」（平成28年12月21日）は、現在の20歳代の方々自身の努力に加え、その世代を支えた教師や保護者は、1998年改訂の課題を乗り越え、確かな学力のバランスのとれた育成に全力を傾注してきたと指摘している。事実、経済協力開発機構（OECD）の各国の15歳を対象にした学力調査（PISA調査）の結果において、我が国の15歳の生徒の学力は2000年の第1回から第3回の2006年まで低下傾向にあったが、本書刊行時に25歳の方々が受けた2009年の第4回以降「V字回復」している。これは2004年末のいわゆる「PISAショック」を受けた教育関係者の学力定着に向けた努力の成果であると考えられる。

[4] これまでのデジタル革命とは異なり、ディープラーニング革命と言われるAIの飛躍的進化により、AIは情報やデータを構造的に把握するための「概念（シニフィエ）」を獲得する端緒が開かれつつある。この進化により、産業構造や社会の在り方が激変すると指摘されている（松尾豊『人工知能は人間を超えるか──ディープラーニングの先にあるもの』KADOKAWA、2015年参照）。

[5] Society 5.0：Society 3.0（工業社会）、Society 4.0（情報化社会）に続く、「超スマート社会」。AI、ビックデータ、Internet of Things（IoT）等の先端技術が高度化してあらゆる産業や社会生活に取り入れられ、社会の在り方そのものが「非連続的」と言えるほど劇的に変わるとされる（文部科学省「Society 5.0に向けた人材育成──社会が変わる、学びが変わる」（平成30年6月5日）参照）。

[6] 第四次産業革命：蒸気機関で動力を獲得した第一次産業革命、電気・モーターで動力が革新した第二次産業革命、コンピュータで自動化が進んだ第三次産業革命に次ぐ、18世紀の最初の産業革命以降の4番目の主要な産業時代。大量の情報をもとに人工知能が自ら考えて最適な行動をとるといった技術に基づいた社会変革が生じるとされる（経済産業省・産業構造審議会新産業構造部会事務局「新産業構造ビジョン」（平成29年5月30日）参照）。

とともに，教科等においてその固有の見方・考え方を働かせて，概念を軸に知識を構造的に習得し，考え，表現する力の育成を重視しています。

4 学習指導要領改訂のアクターとプロセス

60年にわたる我が国の学習指導要領の展開を振り返りましたが，では，この学習指導要領改訂は，誰がどのようなプロセスを経て行っているのでしょうか。2017年改訂を例に見てみましょう。

担当は，文部科学省初等中等教育局教育課程課（2018年度末定員は20人）です。この教育課程課が事務局を務めつつ，40人程度の視学官・教科調査官（教職経験や研究歴のある教科等の教育の専門家）[8]を軸に，中央教育審議会初等中等教育分科会の教育課程部会の委員として任命された470人を超える専門家や有識者が2年間にわたって440時間以上の審議[9]を積み上げてかたちづくられています。小中高等学校，特別支援学校等のすべての教育内容について見直すために，教育課程企画特別部会，小学校部会などの学校別の5つの部会，総則・評価特別部会，国語ワーキンググループなど，教科等ごとの16のワーキンググループなど教育課程部会のもとに設置された23におよぶ会議体がそれぞれ精力的に審議を重ねました。具体的には，

2014年11月　下村博文文科相が中央教育審議会に「諮問」
2015年8月　中教審，改訂の基本的な方向性を示した「論点整理」公表

---

[7] 文部科学省・小学校段階における論理的思考力や創造性，問題解決能力等の育成とプログラミング教育に関する有識者会議の第1回会議（2016年5月13日）における松尾豊氏および第2回会議（同月19日）における新井紀子氏の発言参照　http://www.mext.go.jp/b_menu/shingi/chousa/shotou/122/giji_list/index.htm（2018年8月26日閲覧）

[8] 視学官・教科調査官はおおむね40〜50歳代。文部科学省・国立教育政策研究所が公立学校教員や都道府県教育委員会の指導主事経験者などを中心とした候補者から採用。2017年度の43名の視学官・教科調査官が主として勤務していた公立学校の所在地は，茨城県6名，東京都4名，埼玉県および広島県各3名，北海道，栃木県，神奈川県，静岡県，石川県および京都府各2名，宮城県，山形県，福島県，千葉県，長野県，愛知県，岡山県，香川県および熊本県各1名（これ以外に大学教員経験者等が6名）となっている。

[9] 中央教育審議会教育課程部会に設置されている教育課程企画特別部会，小学校部会，国語ワーキンググループなど23におよぶ会議体が総計200回以上の会議を行った。

2016年8月　　中教審，具体的な改善策をまとめた「審議のまとめ」公表
　　　　12月　　中教審，松野博一文科相に「答申」
2017年2月　　文科省，小中学校学習指導要領改訂案を公表し，パブリック・コメントを実施（1万1,210件の意見が寄せられる）
　　　　3月　　松野博一文科相，新しい小中学校学習指導要領を公示

というプロセスを経ました。中教審教育課程部会は，教育学の研究者や教科教育の専門家，多様な分野の研究者，学校教育や経済界，NPO，メディアの関係者など様々な委員で構成（中央教育審議会の委員や資料，議事録等は文部科学省ホームページに掲載）されており，440時間を超える審議はこのような委員のそれぞれの専門性が交差する場となっています。また，学習指導要領は10年にわたる全国の学校における教育課程の基準であることから国民的な関心も高く，政党，政府部内（内閣官房日本経済再生総合事務局，経済産業省，外務省，財務省，金融庁など）や各種の団体（教育関係団体，経済団体，業界団体など）からの要望は多いことから，パブリック・コメントにおいても他の案件に比べて多くの意見が寄せられました。文部科学省は，これらを教科等の学年を越えた「縦の連続性」と学年ごとの教科等を越えた「横の整合性」を踏まえながら，予算編成と同様，授業時数（時間）という限られた資源のなかに収まるように整理します。

　2008年および2017年の学習指導要領改訂のプロセスのなかで重視されている観点は3つです。第一は，我が国の教育界の強みともいうべき教科教育研究の蓄積です。150年間にわたる教科教育研究の活用なくしては，教育課程の改善・充実は実現しません。文部科学省の視学官・教科調査官や都道府県・市町村教育委員会の指導主事，各都道府県の教科教育研究会の関係者，教員養成大学・学部の教科教育担当教員など，国と地方，行政と大学等を通じて形成されている「政策共同体」[*10]がその主たる担い手です。第二は，「人にとって学びとは何か」といった認知や学習についての研究の進展です。児童生徒の学びの質

＊10　青木栄一『地方分権と教育行政――少人数学級編制の政策過程』勁草書房，2013年，p. 78は，「カリキュラムに関しては（…中略…）『プロフェッション』同士の関係が政府間を通じて形成されている可能性」があるとしており，このプロフェッションの専門性の基盤が教科教育研究である。

を高め，生涯にわたってより意味あるものにするためには，教育実践の積み重ねとともにこれらの研究成果を活用する必要があることは言うまでもありません。例えば，2017年改訂においては，発達心理学，認知科学や言語心理学，脳生理学などの研究者がこのような専門的知見を中教審の審議に活かす観点から審議に参画しました。第三は，社会構造の動態的変化を受け止めることです。現在中堅として社会で活躍している40歳代は，今から40年前に公示された1977年改訂を基準とする教育課程で教育を受けました。学習指導要領改訂が3〜40年後の社会を構想しながら行われることが求められるゆえんです。そのためには，社会の構造的変化のなかで次代を見据えながら社会的価値を創出しているアクターの知見を審議に活かす必要があります。2017年改訂の審議については，教育関係のNPO，働き方改革やキャリア教育をリードする企業の代表者などが審議に参加しました。

　具体的な例として，2017年改訂において導入された小学校段階のプログラミング教育についての議論を振り返ってみましょう。2016年4月にGoogle社のAlfa-GOというAIが囲碁の世界チャンピオンに勝ったことは社会に大きなインパクトを与えました。そのため，同年5月に中央教育審議会の審議の参考とするために，文部科学省は，省内に「小学校段階における論理的思考力や創造性，問題解決能力等の育成とプログラミング教育に関する有識者会議」を立ち上げ，集中的な審議を経て6月16日にまとめられた報告書の内容は，8月の中教審教育課程部会の「審議のまとめ」に反映されました。この有識者会議には，①教科教育の専門家，②AI，認知や学習についての研究者，③プログラミング教育を実践する企業やNPOの代表など社会の構造的変化のフロントランナーが参加しています。小学校段階のプログラミング教育については，社会においても，有識者会議の委員の間においても様々な意見がありましたが，有識者会議での議論の結果，①AIの飛躍的進化のなかで，児童生徒にとってアルゴリズムの理解が必須，②算数における四則演算の筆算や文章題などもアルゴリズムの理解の上で重要な学びだが，今後さらに必要なのは，知的な段取り力とも言うべき「プログラミング的思考」の自覚的な育成，③そのためには，小学校段階においては，プログラミング言語の習得を目的とした新たな教科等を設

けるのではなく，プログラミング体験や理科での観察・実験，学校行事など各教科等で行われる学習活動にプログラミング的思考の育成という目的を共有させるためのカリキュラム・マネジメントが不可欠，④これらの学習活動を通して，児童生徒が情報機器は「魔法の箱」ではなく，人間が与える目的に従って人間の意思で作動しており，人間が自らの意思を伝える手法がプログラミングであるという構造をより深く理解することが重要，という認識が共有されました[*11]。その結果，2017年改訂においては，総合的な学習の時間，算数（正多角形の作図等），理科（電気の性質と働き等）といった小学校の各教科等でプログラミング的思考の育成に取り組むこととなりました。このように，社会の構造的な変化のなか，様々な考え方の違いをメタレベルの構造のなかに位置づけて整理（例えば，プログラミング教育の目的は「プログラミング的思考」の育成であるとの共通認識の上で，各委員の考えの異同を整理すること）し，より広い土俵のなかで形成された合意の積み重ねが中央教育審議会答申であり，学習指導要領です[*12]。

5 カリキュラム・マネジメントと教育課程行政

2017年改訂により学習指導要領の総則に「カリキュラム・マネジメント」が明記されました。カリキュラム・マネジメントとは，具体的には，①児童生徒や学校，地域の実態を適切に把握し，教育内容を教科等横断的な視点で組み立てること，②教育課程の実施状況を評価してその改善を図ること，③教育課程の実施に必要な人的または物的な体制を確保しその改善を図ること，です。

主として①を中心に，教科教育の専門性の観点から，学校や教員の日々の教育活動を支えているのが，文部科学省の視学官・教科調査官や教育委員会の指導主事です。他方，主体的・対話的で深い学びの実現のための授業改善や道徳

[*11] 文部科学省・小学校段階における論理的思考力や創造性，問題解決能力等の育成とプログラミング教育に関する有識者会議「小学校段階におけるプログラミング教育の在り方について（議論の取りまとめ）」（平成28年6月16日）。

[*12] 2008年改訂のプロセスを知識とアイディアによる政策形成といった観点から整理したものとして，合田哲雄「文部科学省の政策形成過程に関する一考察」『日本教育行政学会年報』35，2009年，pp. 2-21。

教育の質的転換について，独立行政法人教職員支援機構や文部科学省のホームページにおいて，質の高い授業の動画や指導案などをアーカイブスに掲載し，国の機関から直接学校や教員に発信・共有するという取り組みも進んでいます。

②の学校における教育課程の実施状況の評価にあたって大きな役割を果たしているのが，全国学力・学習状況調査です。他方，特に普通科高校については，事実的知識を文脈に関係なく多肢選択式で問う大学入試に対応するためには，教科固有の見方・考え方を働かせて考える学びよりも知識再生型の反復学習を重視せざるを得ません。また，入学者選抜で学力を問わない大学の存在は高校生の学びのインセンティブの底を抜けさせており，偏差値45-55のボリュームゾーンの高校生の学校外の学習時間は1996年以降現在に至るまで1990年の水準から大きく低下し回復していません。[*13] 記述式問題も取り入れ，思考力を問う「大学入学共通テスト」（2020年度から実施）や高校での学びの伸びを可視化し基礎学力の確実な習得を図るための「学びの基礎診断」（2019年度から実施）の導入を柱とする高大接続システム改革が行われているゆえんであり，高校生の学びの質と量を充実させるためのこれらの改革は，高校において教育課程の実施状況を評価し，それを改善に活かすことにつながります。

③の人的な体制の確保のためのしくみは，小中学校等の校長や教頭といった管理職，教諭，養護教諭，栄養教諭，事務職員といった学校の基幹的職員を配置し，その給与の３分の１を国が負担する義務教育費国庫負担法や義務教育標準法がその根幹です。教員の資質・能力を支える大学の教員養成課程や教員免許制度，教員研修なども大きな役割を果たしており，学校における働き方改革に関する中央教育審議会答申が今後さらに検討を要する事項として[*14]「免許更新制がより教師の資質能力向上に実質的に資するようにすることも含め，能力が高い多様な人材が教育界に加わり，意欲的に教育活動を行うための養成・免許・採用・研修全般にわたる改善・見直し」をあげているように，その抜本的改革が求められています。また，スクールカウンセラーやスクールソーシャル

＊13　ベネッセ教育総合研究所「第５回学習基本調査」2015年。
＊14　中央教育審議会「新しい時代の教育に向けた持続可能な学校指導・運営体制の構築のための学校における働き方改革に関する総合的な方策について（答申）」（平成31年１月25日）。

ワーカー，学習指導員や部活動指導員などといった外部人材の活用も進んでおり，それを支える予算も重要です。各学校における物的な体制を国が支えるしくみとして公立学校施設整備費負担金等や教科書無償制度がある一方，学校のIT化や教材整備などは地方財政措置がなされており，知事や市町村長が地方財政措置を活かして学校環境を整備することが求められています。

6 未来社会に向けて学習指導要領を「使いこなす」こと

　本章の最後に，学校において目の前の児童生徒の状況に応じた特色ある構想について具体的に考察するかたちで，学校や教員が，学習指導要領をはじめとする教育課程行政のしくみを「使いこなす」ことの意味について考えてみたいと思います。

　第一に，小学校において，児童の多くが十分な語彙力がなく，その確実な習得や語彙を表現に活かして考える学びの充実のためには国語の授業時数だけでは足りないため，国語の一部と総合的な学習の時間を統合した独自の教科「語彙科」を創設することは，教育制度上可能でしょうか。これは，教員や校長のみの判断ではできませんが，設置者である教育委員会と相談の上，学校教育法施行規則第55条の2の規定に基づく「教育課程特例校」の申請を文部科学省に行い，学習指導要領に定める指導内容を押さえていると確認されれば可能です。東京都世田谷区や佐賀県鳥栖市の教科「日本語」[*15]，東京都品川区の「市民科」など教科等を組み換え，独自の教科を教育課程上位置づける取り組みは実際に各地で行われています。

　第二は，中学校の社会（歴史的分野）について，今なぜこのような時代を生きているかを生徒に深く考えさせることを目的として，まず現代について扱い，現代から時代をさかのぼって歴史を指導することはどうでしょうか。第2節で触れた通り，各教科等の指導の順序について工夫を行うことは学校や教員の判断で可能です。もちろん理数教育の一部のように教育内容の系統的な理解のた

---

*15　世田谷区教育委員会教育長として教科「日本語」を導入した若井田正文氏が，その導入の意図やプロセスを語ったものとして，『交詢雑誌』543，2010年，pp. 42-51。

めに指導の順序が決められているものもありますが，この歴史的分野に関する具体的な事例については，1990年5月30日の参議院予算委員会で当時の文部省初等中等教育局長が可能である旨答弁しています。

第三は，小中学校において，国が給与費の3分の1を負担している県費負担教職員を活用して，知識の習得・活用・探究といった授業内容によって，少人数の編制としたり，学年や学校を越えた大人数で授業したりと教育内容に応じて学習集団を編制することは可能でしょうか。これは，宮崎県五ヶ瀬町において，日渡円兵庫教育大学教授（2019年4月から滋賀県大津市教育委員会教育長）が教育長としてリーダシップを発揮して導入された「G授業」の取り組みです[*16]。学校内のリソースを活用した学習集団の柔軟な編成については校長の判断でできますし，学校を越えて学習集団を編制したり，教員を追加で配置したりして取り組む場合には，内容に応じて教職員の任命権者である都道府県教育委員会の支援を得ながら，市町村教育委員会の判断において行うことが可能です。

最後に，中学校のなかに不登校生徒のための「居場所」「常駐の教員」「その生徒にあったカリキュラム」を備えた「フリースクール」を設けることはどうでしょうか。これは横浜市立中川西中学校において，平川理恵校長（当時。現：広島県教育委員会教育長）が校長として取り組んだ教育実践です[*17]。平川校長は，学校内の教職員の配置を工夫することによって「学校内フリースクール」の設置を実現しました。このような方法であれば，校長の判断で実現可能です。

学習指導要領をはじめとする教育課程行政のしくみは，教育の質の全国的な確保という共通性と児童生徒や地域に応じた創意工夫に基づく多様性を両立させるためのしくみです。このしくみのなかで教育活動を行うことにより，国民や住民に対する説明責任を果たして公教育の信頼を得ながら，公教育への支援を確保することが可能となります。また，学習指導要領は，先にも述べたように，教育学の研究者や教育関係者だけではなく幅広い関係者による440時間を

[*16] 五ヶ瀬町教育委員会「五ヶ瀬教育ビジョン」ttps://cms.miyazaki-c.ed.jp/ssc025/htdocs/（2018年8月26日閲覧）。
[*17] 平川理恵『クリエイティブな校長になろう——新学習指導要領を実現する校長のマネジメント』教育開発研究所，2018年，pp. 156-168。

超える審議を経て改訂されています。学校や教員には，学習指導要領をよく理解し，「何をしなければならないのか」「何ができるのか」を見極め，自らの構想力を高め，実現するための素材として学習指導要領をはじめとした教育課程行政のしくみを「使いこなす」という視点をもつことが求められています。

さらに，これまでの我が国の教育制度においては，主として学校で全員一斉の授業を一定の時間以上行うことで教育水準を確保してきましたが，2018年6月に林芳正文部科学大臣が公表した政策ビジョン「Society 5.0に向けた人材育成」にあるとおり，*18 社会構造の変化やテクノロジーの進化により，水準の確保を図るための方法はより多様になり，授業や学校の風景，教員の役割などもこれから変わってくることでしょう。

教科教育研究の蓄積，学びや認知に関する学術研究の成果，そして社会の構造的変化のなかでの新しい価値創出のダイナミズム——これらを踏まえながら，各学校における教育課程編成の構想力を高めることが求められています。教育課程行政は，この構想力を支える重要な役割を担っています。

 まとめ

学習指導要領は，440時間以上にわたる審議において多様な実践や専門性が交差するなかでまとめられた社会的な知恵の結晶です。教育の質の全国的な確保という共通性と児童生徒や地域に応じた創意工夫に基づく多様性を両立させるために，学校や教員が，学習指導要領をはじめとする教育課程行政を理解し，「使いこなす」ことは，学校と社会の間における信頼と支援の好循環の確立にとって最も重要な基盤です。

 さらに学びたい人のために

○梶田叡一『名著復刻　形成的な評価のために』明治図書出版，2016年。
　教育の普遍的な価値や意味を形成的評価の観点から描き出し，1986年の初版

＊18　合田哲雄「『Society5.0に向けた人材育成——社会が変わる，学びが変わる』が提起しているもの」『初中教育ニュース』335，2018年　http://www.mext.go.jp/magazine/backnumber/1406368.htm（2018年8月26日閲覧）。

刊行から30年経ってもなお現代的な意義を失わない教育関係者の必読図書です。

○奈須正裕『「資質・能力」と学びのメカニズム』東洋館出版社，2017年。
　学習指導要領の2017年改訂の基本的な考え方や構造を，改訂のプロセスにも触れながらわかりやすく解説。科学は非常識だからこそ学ぶ意味があるなど示唆に富んでいます。

○安彦忠彦『教育課程編成論（改訂版）――学校は何を学ぶところか』放送大学教育振興会，2006年。
　教育課程編成について，各教科等の枠を越えて，社会や文化，児童生徒の発達の段階といった多面的な角度から鳥瞰できる比類ないテキストです。

第7章

教育委員会と学校
―― 公立学校の管理・運営 ――

●●● 学びのポイント ●●●

- 学校教育を進める上で，国と地方（都道府県・市町村）が，どのように役割を分担しているのか，基本的な法制度の枠組みを理解する。
- 教育行政の地方分権および学校の自主的・自立的経営の確立の観点から，学校管理規則の役割について理解する。
- 教員人事や学校財務における，学校と教育委員会の関係について，現状と課題を理解する。
- 教員の専門性と裁量性について，現状と課題を理解する。

WORK　学校の条件整備と教育内容の管理

1．学校の条件整備について考えてみよう

　X県Y市にあるY市立A中学校と，X県立B高等学校と，私立C高等学校（学校法人Z学園）で，それぞれ下記のようなことをする時，必要なお金を負担するのは誰でしょうか。何通りか考えてみましょう。

- 教室にクーラーを導入する時
- 教室に電子黒板を導入する時
- 教員の事務作業を補助するスタッフを導入する時

2．教育内容を管理することについて考えてみよう

　本書103ページの表7-2で示した「授業スタンダード」の例を見て，以下の点を確認してみましょう。

①どのような内容となっているでしょうか。

②「授業スタンダード」を活かした，どのような授業が求められているでしょうか。

③「授業スタンダード」を読んだ感想について話し合ってみましょう。

④居住地や大学の所在地，採用試験の受験先など，関心のある都道府県や市町村において，似たような「授業スタンダード」が定められていないか，調べてみましょう。

第 7 章　教育委員会と学校

● 導　入 ● ● ● ● ● ●

　本章では，日本の小・中・高等学校の多くを占める公立学校の管理・運営について，理解を深めます。設置者管理主義と設置者負担主義という重要な原則のもと，都道府県や市町村の教育委員会は学校の管理運営を行っています（設置者については本書第 3 章と第 4 章を参照）。第11章と第12章で扱うように，教育委員会制度には，地域の教育政策を決定するなどの重要な機能がありますが，本章では，日常的な学校の管理運営の側面を取り扱います。

　学校を通じて供給される様々な教育については，国レベルでの法規が大枠を決めていますが，都道府県・市町村の各教育委員会では，より具体的な規則・条例等により，日常的な学校運営に関するルールを定めています。これに加え，近年では各学校の自主的・自律的な経営能力の拡大が目指されています。それぞれの動向を整理して，公立学校の運営に関する基本的な枠組みを理解しましょう。

● ● ● ● ● ● ●

【担当部門】
　都道府県・市町村教育委員会「学校教育部」「学校教育課」のような名称の部門が
　　担当することが多い。
【重要法令】
　地方教育行政の組織及び運営に関する法律，学校教育法
【重要答申類】
　中央教育審議会「今後の地方教育行政の在り方について（答申）」（平成10年 9 月 1 日）
　中央教育審議会「今後の地方教育行政の在り方について（答申）」（平成25年12月13日）

1　学校教育における「ルール」とその「運用」

　学校において，児童生徒に対して行われる教育を，家庭で行われるような教育や，児童生徒の自発的な学習（日常生活に埋め込まれた様々な刺激等からの学習）と比べてみた時，どのような点が違うでしょうか。
　まず指摘できるのは，学校では教育活動が組織的・計画的に展開されるという点です。そのため，教える中身や教材は，個々の教員の選り好みや思いつきで決められるものでなく，国の基準である学習指導要領や検定済み教科書を前

提に，学校の教育課程や指導計画に沿って決められることになります。

　また，学校の活動に必要な費用については，公費（税金）があてられるというのも大きな特徴です。そのため，学校運営は適切な公的負担のもとで行われる（公費を無計画に浪費しない）よう，施設や設備，教材や教具，スタッフ（教員等）などについて，それぞれ公的な運用ルールが設けられます。

　そして，こうしたルール設定と運用が様々な政府レベルで行われているという点も，日本の学校教育の特徴です。本書がこれまで取り扱った内容（教員，就学前教育，初等中等教育，高等教育，私立学校，特別支援教育，教育課程行政）のどれを見ても，国レベルで基本的な法制度が整備されていますが，都道府県や市町村の教育委員会も，それぞれ国のルールの範囲内で，より具体的なルールを定めています。さらに個々の学校では，それらのルールを守るなかで経営判断を行い，実情に応じた工夫を加え，学校教育を行っています。

　こうした多層的な関係性を理解しておくことは，教育行政の全体像を把握する上でも重要です。以下，本章では，特に教育委員会と学校の関係に注目して，基本的なルールと近年の動向を整理します。

2　学校の設置と管理，費用負担

　学校の入り口には，よく「A市立X小学校」「B県立Y高等学校」「学校法人C学園Z高等学校」といった看板が掲げられています。この看板は，それぞれの学校をどの団体が設置・管理し，必要な費用を負担しているかを示しています。この例で言えば，X小学校の設置者はA市，Y高等学校の設置者はB県（共に公立学校），Z高等学校の設置者は学校法人C学園（私立学校）ということになります。学校教育法第5条では，いわゆる設置者管理主義と設置者負担主義を定めています。これに従うと，上記の例のうち，Y高等学校はB県が設置者であるため，実際に立地する自治体（市町村）は，原則的にY高等学校の管理や，そのための費用負担を行いません。

　なお，いずれの学校種についても国立学校・公立学校・私立学校が設立できますが，学校教育の供給を安定させるため，学校教育法第38条と第49条では，

市町村に対して，区域内にある学齢児童生徒を就学させるのに必要な小・中学校を設置する義務を規定しています。あわせて，特別支援学校については学校教育法第80条が，都道府県に対して「その区域内にある学齢児童及び学齢生徒のうち，視覚障害者，聴覚障害者，知的障害者，肢体不自由者又は病弱者で，その障害が第75条の政令で定める程度のものを就学させるに必要な特別支援学校を設置しなければならない」と，設置義務を規定しています。これらの学校種以外（幼稚園，高等学校など）に設置義務の規定はありませんが，高等学校は全学校数の73％が公立であり[*1]，現状において地方自治体が大きな役割を果たしています。

設置者負担主義の例外として，県費負担教職員制度があります。小・中学校は市町村に設置の義務があり，設置者負担主義からすると，そこに働く教職員の人件費は各市町村の負担と考えられます。しかし，実際に人件費を負担し，採用・配置等の事務を行うのは，都道府県となっています[*2]。

3　学校管理規則

ここまで，各学校には設置者があり，その設置者が学校の管理運営や費用負担を行うという原則を整理しました。このうち公立の小学校・中学校・高等学校については，一つの設置者が多くの学校を管理・運営するという状況が一般的です。この時，設置者がそれぞれの学校を個別事情に応じて管理運営するというのは煩雑であり，場合によっては学校間の不公平を招きかねません。そこで各設置者は一定のルールを設け，学校の管理運営について，ある程度の共通化を図ることになります。このルールが学校管理規則です。

学校管理規則は，設置者（地域）ごとに構成・内容が若干異なります（したがって，本章の学習にあたっては，関心のある市町村や都道府県の学校管理規則をインターネット検索するなどして，具体的な内容を確認しながら進めるとよいでしょう）。ちなみに筆者の勤務地は兵庫県の加東市と神戸市ですが，加東市の「加東市立

[*1]　文部科学省「平成30年度学校基本調査」。
[*2]　「県費負担教職員制度」の詳細は，本書第1章を参照。

小学校及び中学校の管理運営に関する規則」と神戸市の「神戸市立小学校，中学校及び義務教育学校の管理運営に関する規則」を見ても，部分的に異なる構成となっています。

　多くの学校管理規則では，次のような内容が定められています。まず学校教育を「いつ」するかに関して，学年・学期や休業日を規定します。次に「どこで」するかに関して，通学区や通学路を規定します（学校の所在地等については，別に条例や規則を定める場合も多いです）。「だれが」するかに関しては，各種主任，校務分掌等の教職員組織のほか，児童生徒については原級留置や出席停止といった「教育を受ける権利」の保証方法を規定します。さらに「何を」するかについて，教育計画や教育課程の編成方法，学校行事などを定め，「どのように」するかについては，教科用図書やその他の教材に関する規定のほか，学校評価・学校評議員制度・学校情報公開など，学校教育活動の説明やチェックについて定めます。このほかにも，施設設備の管理や目的外使用（社会教育団体等への貸し出しなど），教員等の勤務や研修に関する規定，地震や風水害など非常変災等での対応に関する規定も見られます。

　それぞれの設置者は，学校管理規則など（例えば，学校設置条例，教育財産の管理に関する規則，学校施設目的外使用規則，就学援助条例，職員の服務に関する条例，教材の取り扱いに関する規則など）に基づいて学校の管理・運営を進めることで，設置者管理主義を体現しています（例えば神戸市においては表7-1）。なお，以前は地方教育行政法において，市町村の学校管理規則の基準を都道府県が定めるという規定があり，市町村が設置者であるにもかかわらず，実質的に都道府県が小・中学校の運営の詳細を定めてきた時期がありました。1999年の地方教育行政法改正でこの規定がなくなり，設置者は，地域の実情を反映したルールや，あるべき姿を追求したルールなどを，自ら設定できるようになりました。設置者ごとに学校管理規則の規定に違いがあるのも，こうした経緯のためです。

---

*3　**原級留置**：当該学年の教育課程を修了できないと判定した児童生徒について，進級を認めず原学年に留め置くこと。いわゆる「落第」や「留年」。

*4　**出席停止**：感染症にかかっている（かかっている疑いや，かかるおそれも含む）児童・生徒や，性行不良で他の児童生徒の教育を妨げる児童・生徒について，他の児童・生徒の教育を受ける権利を確保する観点から，その保護者に児童・生徒の出席停止を命じること。

表7-1　学校管理規則の構成

第1条（目的）　第2条（他の法令等との関係）　第3条（通学区域）
第4条（学年・学期）　第5条（休業日）　第6条（授業日の変更）
第7条（学校評価）　第8条（情報の積極的な提供）　第9条（教育課程の編成）
第10条（校外行事）　第11条（教科用図書その他の教材）
第12条（課程の修了及び卒業の認定）　第13条（原級留置）
第14条（出席停止）　第15条（性行不良による出席停止）
（…中略…）
第28条（学校予算の執行）
第29条（施設及び設備の管理）　第30条（施設及び設備に関する報告）
第31条（目的外使用）　第32条（防火）　第33条（防火管理者）
第34条（非常変災等の対策）　第35条（表簿）　第36条（委任）

出所：神戸市立小学校，中学校及び義務教育学校の管理運営に関する規則。

4　学校の自律的経営

1　学校裁量権の拡大

　小・中・高等学校の多くを占める公立学校の運営では，国の定める各種法令に加え，設置者単位でも学校管理規則等のルールが定められています。このことは，個々の学校や教員は法令や規則に縛られていて，活動の自由度がない（低い）ということを意味するのでしょうか。

　近年，学校の裁量性は拡大志向にあります。学校管理規則に設置者の戦略や判断が反映できるようになったことはすでに説明しましたが，この見直しを提言した1998年の中央教育審議会答申「今後の地方教育行政の在り方について（答申）」では，その見直しの方向性を「学校の自主的判断にまかせ，学校の裁量を拡大する方向で見直しに努めること」としていました。

　もともと，学校教育法第37条（中学校は第49条，高等学校は第62条，特別支援学校は第82条でそれぞれ準用）のなかで校長は「校務をつかさどり，所属職員を監督する」とされ，学校の活動全般（物的管理，人的管理，金銭的管理，教育課程の管理など）を掌握し，処理するとされています。教育活動を行う上であれば，教育課程の編成や年間指導計画の策定，補助教材の選定のほか，児童生徒の出

席状況の把握，児童生徒の懲戒，指導要録の作成，修了・卒業認定などについては校長の職務とされています。また健康診断の実施や感染症防止のための出席停止，非常変災時の臨時休業など，学校の保健・安全にかかる事項についても，校長の職務として一定の裁量性が定められています。学校管理規則など，各学校設置者が定めるルールも，これらの法令に沿ったかたちで学校（長）が決定すべき事項をあげています。

特に近年では，学校の自主性・自律性を確立し，学校の「ありたい姿」（学校像や学校経営計画）の実現を図れるよう，学校運営における人的資源（教職員人事）や，物的・金銭的資源（学校予算・学校財務）について，学校（長）の裁量性が高められています。以下，検討してみましょう。

2 教員人事

公立小・中・高等学校に勤務する教員の採用や配置は，基本的に都道府県と政令市の教育委員会が行います（地方教育行政法第37条）。そのため市町村が設置する小・中学校では，学校設置者と教職員の人事権者が一致しません。そこで市町村教育委員会については，教員の人事について人事権者（都道府県教育委員会）に内申を行うことと定め，教員配置について設置者の意向が人事権者に伝わるようにしています（同法第38条）。またこの内申の前に，各学校長は市町村教育委員会に対して教員人事に関する意見具申ができるとされ（同法第39条），各学校の事情が教員の配置に反映されるようになっています。

このように，公立学校の教員人事では，学校や設置者（市町村）の事情が人事権者（都道府県）に伝えられています。ただし，各学校の意向がどの程度教員配置に反映されているかについては地域間で差があります[*5]。なお，教員の配置について各学校（長）の意向を重視しすぎることは，人材の「奪い合い」を誘発するほか，広域的な最適性を優先した配置が難しくなるなどの弊害が想定されます。教員配置に際して各学校（長）の意向をどの程度重視するのがよい

＊5　川上泰彦『公立学校の教員人事システム』学術出版会，2013年。

のかについては,そもそも議論が残るところとも言えます。

　各学校に配置された教職員をどう活用して学校(組織)をつくるか,についての裁量は,各学校(長)にあります。すなわち,校長は自らの目指す学校運営を実現するべく,校内における教員の役割分担(校務分掌)を決めたり,教員以外のスタッフ管理も行ったりするほか,学校目標への貢献という観点を加味して教員の業績や能力を評価し,望ましい活動に向けたフィードバックを行います。各校内の人事については,それぞれの学校目標実現に向けて,高い裁量性が確保されていると言えそうです。

3　学校財務

　学校における教育活動では,実験・実習・実技をはじめとする様々な場面で多様な教材・教具が使用されるほか,紙・インク等も日常的に消耗されます。また,校舎や教室の施設設備も,毎日使ううちに損耗が進みます。これらを常に適切な状態にしておくことは,児童生徒の安心・安全を確保し,質の高い学校教育を提供する上でも重要ですが,そこには当然費用が発生します。

　こうした費用は,日々の学校教育活動のなかで発生するため,各学校での状況判断をもとに支出を進める方が,よりスムーズに学校教育活動を展開しやすい(学校にとって「使い勝手」が良い)ため,各学校にとっては望ましいものと言えます。一方,特に公立学校では,こうした費用には主に公費(税金)が充てられるため,ニーズに対応すると称して,思い付きによる支出や,それほど必要でない物品への支出,際限のない支出などが行われないよう,計画性や妥当性の説明が求められます。従来は,前者(使用の自由度)よりも後者(規律ある使用)が重視されていましたが,その反面で教育活動の機動性や,自主性・自律性は損なわれてきました。そこで近年は,物的・金銭的資源の活用についても学校の裁量性を高める傾向にあります。

　一例としてあげられるのは,設置者から各学校に予算を配当し,必要な物品等についての支出行為を学校が直接行えるよう,権限を委譲するという動きです。これにより,各学校が必要と考えた支出行為のうち,特定の費目のもの

(例えば図書や教材の購入費)や一定額までのものについては，学校長(もしくは学校事務職員)の判断で行えるという例が増えています。また，学校配当予算について，年度当初の計画とは異なるかたちで物品購入の必要が出てきた際，予算総額の範囲内で(費目間)流用ができるようにルールを整備し，学校が機動的に予算を執行できるようにする動きも広がっています。[*6]

さらに現在では，こうした予算執行の自由度を高める動きに加え，予算編成の段階から各学校の裁量性を高め，学校経営の自主性・自律性を拡大するような動きも見られます。[*7] 各学校が，目指す学校像の実現に向けた「お金の使い方」を構想し，学校予算を編成する，といった例がそれにあたります。学校配当予算の一部を「特色枠」のようなかたちで申請させる例もあれば，学校配当予算全額を，学校の特色化の観点から編成させる例もあり，学校により大きな主体性と責任をもたせる動きが進展しています。

なお，こうした学校財務・学校会計の裁量性は，学校管理規則や財務・会計に関する諸ルールで規定されます。したがって，学校設置者ごとの方針(学校運営の自主性・自律性をどのように捉え，どの程度実現すべきと考えているか)によって実態が左右されるというのが実情と言えます。

このように近年の政策は，学校(長)が一定の裁量権を行使して自主的・自律的に学校運営できることを目指す，という方向性にあります。ただし，先に検討した人事や財務・会計の面でも，また教育内容や教材についても国や地方自治体の影響力は，まだまだ強いものがあります。また，学校の裁量を拡大する際には，その方向性を検討する組織(学校理事会など)の整備も不可欠ですが，これも十分とは言えません。さらに言えば，教員人事に関して指摘したように，学校の裁量拡大は，より広域での質保証や機会均等を妨げる場合もあるため，そもそもどの程度の裁量性が適切かという議論も，今後は必要となるでしょう。

---

*6 本多正人「政策変容としての学校財務の再構築——前橋市の事例を中心に」『国立教育政策研究所紀要』144, 2015年, pp. 93-109。教具や部活動等の「備品購入費」と「消耗品費(備品修繕料)」の流用等が例示されている。
*7 同上書。

5 教員の専門的能力と裁量性

　さて,様々な側面で学校の自主的・自律的な経営が志向されている一方で,各教員には,どの程度活動の自由度(裁量性)があるのでしょうか。この点について,実はいくつか異なる見解が指摘されています。

　これまで見たように,学校での教育活動は,様々なルールによって規定されています。国レベルの法律や政令・省令に加え,都道府県レベル・市町村レベルの条例や規則が,学校の教育を定めています。また,学校の自主的・自律的な経営を推進する昨今では,個々の学校も明確な目標のもとで教育活動を行うべきとされ,教員は様々な法規に加え,学校経営目標にも目配りした教育活動が求められています。

　こうした現象は,学校に限らず行政サービスの第一線(行政組織の最前線),すなわち福祉施設や交番などにおいても見出されるもので,このような場で働く職員(警察官,教員,ソーシャルワーカー等)を,特に第一線行政職員やストリート・レベル官僚と呼んだりします[*8]。第一線行政職員は,市民へのサービス提供において,法規や規則を守ることが求められます。しかし,一方でその状況は複雑で,法や制度が予定するような,整序された手続きや手順に従うのが難しい場合があります。また,ルールの公平な適用とあわせて,サービス対象となる市民の人間性や環境・背景に配慮した対応も求められます。例えば学習指導要領や教科書は,ある学年のある時期に教えるべき学習内容を定めていますが,それをどのように教えるかについては,各学校や学級,場合によっては個々の児童生徒の状況に応じた判断が求められています。

　第一線行政職員は,そうした複雑な状況への対処において,どのルールをどう適用するかについて,実は相当程度の裁量と自律性をもっている,と説明されます。この指摘に従うと,教員は学校での教育活動において,様々なルールのもとにあるにもかかわらず,相当の裁量と自律性を有していると考えること

---

*8　M.リプスキー,田尾雅夫・北大路信郷(訳)『行政サービスのディレンマ——ストリート・レベルの官僚制』木鐸社,1986年。

もできそうです。

　また，こうした自律的な関係は，組織目標の不徹底も導き出します。例えば国から都道府県，都道府県から市町村，市町村から各学校（長），学校長から個々の教員へと，ある政策が伝達されるとしましょう。各段階での伝達が厳格であれば，その政策も正確に実現されますが，各段階で状況に応じた（専門的な）判断が介在する場合，伝達は次第に不徹底になると考えられます。こうした組織間の関係は疎結合（ルース・カップリング）と呼ばれ，好ましくない指示・命令を現場が無力化するという文脈でも用いられますし，組織の外部や上層からもたらされる改革・改善が現場の実践に至る過程で不徹底になるという文脈においても用いられます[*9]。地域・学校・教室それぞれの事情や児童生徒の状況に応じた実践を妥当なものとする環境では専門的な判断が尊重されるため，こうした組織現象も起こりやすいと言えます。

　一方，こうした状況に対して，近年では，学習指導要領において重視される事項の確実な習得等を目指し，授業や学修規律に関する「スタンダード」を設定して，これに即した教育実践を展開する地域が多く見られています[*10]。スタンダードの設定とその実践は，授業の規格化・標準化をもたらすとも言えますが，このなかで教員がむしろ「自発的」にスタンダードに依存する状況も指摘されていて，教員の職業的信念やアイデンティティが変化している可能性のほか，自律性の根拠ともいうべき専門的力量形成にネガティブな影響が及んでいる可能性も指摘されています[*11]（表7-3）。同様に，近年の教員は，従来の教員に比べて学校の組織目標へのコミットを高めており，児童生徒との全人的な関わりというよりは仕事範囲を限定的に捉える傾向が強まっているという指摘や[*12]，従来の献身的な教員像は職務遂行的な教職観・教職遂行観へと変容しつつある，という指摘もあります[*13]。

---

* 9　佐古秀一「学校組織に関するルース・カップリング論についての一考察」『大阪大学人間科学部紀要』12，1986年，pp. 135-154。カール・E. ワイク，遠田雄志（訳）『組織化の社会心理学』文眞堂，1997年。
* 10　「教育行政におけるスタンダード（年報フォーラム）」『日本教育行政学会年報』44，2018年，pp. 2-86。
* 11　勝野正章「自治体教育政策が教育実践に及ぼす影響——授業スタンダードを事例として」『日本教育政策学会年報』23，2016年，pp. 95-103。

表7-2 「授業スタンダード」の例

導　入	前時までの既習事項の確認を行っている
	めあて（目標）が，児童生徒が「わかった」「できた」と言える表現になっている
展　開	めあてに対する児童生徒の考えを「発表する」「説明する」「話し合う」「読む」「書く」などの言語活動の時間を確保している
	授業展開に応じて，必ず自分の考えをもたせながら，グループ学習やペア学習などを効果的に取り入れている
	机間指導を行い，学級全体の状況を把握するとともに，児童生徒一人一人の学習状況を確認し，指導に生かしている
終　末	本時での学習内容を生かして，練習問題を解いたり，自分の言葉で説明する時間を確保している
	目標を達成しない児童生徒に対して，個別指導を行っている
	児童生徒のノートを授業に活用したり，評価の材料にしたりしている
	めあてと対応して，本時で何を学んだのかを整理し，黒板に板書している
	板書は，授業内容を構造的でわかりやすく示したものになっている
	「わかった」「できた」と児童生徒が自覚したことを自分の言葉で書かせている

出所：勝野, 2016年, p. 98。

　教員には，第一線行政職員としての自律性や裁量が確保され続けているのでしょうか，それとも様々な規格化・標準化を進める施策や，各学校（長）単位での自律性・裁量性を強化する施策のなかで，個々人の専門性や裁量性は衰退しているのでしょうか。今後の政策動向も含めて観察や分析・検討が求められる課題と言えそうです。また，国による教育の質保証を重視する考え方と，地域が最適な教育政策を検討するべきという地方分権の考え方と，各学校が自主的・自律的な判断のもとで最適を追求するのをよしとする考え方と，教員の専門的・自律的な教育実践を尊重する考え方と，それぞれどの程度をもってバランスさせるのが最適かという点については，いわゆる「そもそも論」としても，検討の余地があると言えるでしょう。

＊12　油布佐和子・紅林伸幸・川村光・長谷川哲也「教職の変容――『第三の教育改革』を経て」『早稲田大学大学院教職研究科紀要』2，2010年，pp. 51-82。
＊13　久冨善之・長谷川裕・福島裕敏『教師の責任と教職倫理――経年調査にみる教員文化の変容』勁草書房，2018年。

まとめ

　学校を設置できる団体は，法律により国・地方自治体（都道府県・市町村）・学校法人に限定され，「設置者管理主義」「設置者負担主義」がとられています。地方自治体は，自ら設置した学校を管理するルールとして学校管理規則等を定めています。近年では各学校の自主的・自律的な経営を追求する方針のもと，教員人事や学校財務などにおいても，学校（長）の裁量拡大が進められています。一方で教員にも一定の自律性があるとされていて，望ましい学校運営を考える上では，それぞれのバランスをどうするかが重要になっています。

 さらに学びたい人のために

○M. リプスキー，田尾雅夫・北大路信郷（訳）『行政サービスのディレンマ——ストリート・レベルの官僚制』木鐸社，1986年。
　「ストリート・レベルの官僚制」という概念を日本に紹介した書籍です。官僚制組織のなかでの位置づけがどのようなものか，また職務の様々な局面でどのような葛藤を生じるのかについて，幅広く指摘しています。

○末冨芳（編著）『予算・財務で学校マネジメントが変わる』学事出版，2016年。
　学校財務，すなわち学校における「お金の使い方」が近年どのように変化しつつあるのかを整理しています。続けて，いくつかの自治体の実践例を示すなどして，学校の自主的・自律的な「お金の使い方」のヒントを示しています。

○坪井由美　渡部昭男（編）『地方教育行政法の改定と教育ガバナンス——教育委員会制度のあり方と「共同統治」』三学出版，2015年。
　2015年からスタートした新教育委員会制度について，その構想がどう議論されたかを整理するとともに，新制度が学校教育や社会教育の統治（ガバナンス）にどのような影響を及ぼすかについて検討を試みています。

第8章

学校と外部環境
―― 学校と地域の連携 ――

・・・ 学びのポイント ・・・

- 学校と地域の連携を進める各種制度について理解し，端的に説明することができる。
- 学校と地域の連携を進める各種制度が導入された背景について説明することができる。
- 学校と地域の連携について，どのような課題や可能性があるかについて，自分なりの考えをもつことができる。

WORK　学校と地域の連携のイメージをもとう

1．地域と連携した教育実践について個人で思い出そう

　自分が大学に入るまでに受けた学校教育を思い出してみてください。地域の自然・文化・産業を教育活動に取り入れたり，保護者・地域住民・地域の組織や諸機関と連携した取り組みがあったと思います。どのようなものだったかを，付箋などに具体的に書き出しましょう。1人につき最低5個を目標にしてください。

2．グループで共有しよう

　4〜5人のグループになって，1．で書き出したものを出し合いましょう。途中でほかにも思い出した人は，ぜひ新しい付箋に書き足して，グループメンバーに紹介してください。

3．グループで分類してみよう

　グループで出し合った取り組みを，自分たちなりに分類しましょう。大きな紙に付箋を貼りながら，色ペンなどを使って，見やすく・わかりやすく分類してみてください。

4．クラス全体で共有しよう

　その後，代表者がクラス全体に説明してください。聞く人は，分類の方法や，発表の方法を参考にしながら聞きましょう。また，自分は体験しなかったような取り組みはないか探したり，「こういう実践もできるのではないか」などの可能性を考えてみたりしましょう。

第8章　学校と外部環境

● 導 入 ● ● ● ● ● ● ●

　学校教育では，学区を中心とした地域の自然・文化・産業を教育活動に取り入れたり，保護者・地域住民・地域の組織や諸機関と連携したりする取り組みが多様に見られます。みなさんもWORKをしてみて感じたと思いますが，授業の支援，読み聞かせ，昔遊び，戦争体験の講話などで地域の人が学校にやってきたことや，職場体験，校外観察などで自分たちが校外に出ていったことを記憶している人は，思いのほかに多いのではないでしょうか。学習指導要領により標準性・共通性を強くもつ日本の教育課程ではありますが，学校の外部環境を活かしたこうした取り組みは，学校の教育活動に多様性をもたらし，児童生徒にとっても強い印象を残します。

　21世紀に入ってから，学校と地域との連携を今まで以上に進め，より組織的・体系的に各学校の教育と結びつけようとする国レベルの動きが相次ぎました。矢継ぎ早に各種の施策が導入された約20年でしたが，少しずつ様々な施策が整理されて今に至ります。また，企業や大学などが様々なかたちで初等中等教育の現場と連携して教育活動に従事する例も増えてきました。本章では，学校とその外部環境との連携を進めようとする政策の背景と，具体的な法規の確認を経て，今後に向けた展望を論じていきたいと思います。

● ● ● ● ● ● ● ●

【担当部門】
　学校運営協議会は「学校教育課」，地域学校協働本部は「社会教育課」が所管することが多い。「教育政策課」「総合政策課」などが所管することもある。[*1]

【重要法令】
　地方教育行政の組織及び運営に関する法律，社会教育法

【重要答申類】
　中央教育審議会「新しい時代の教育や地方創生の実現に向けた学校と地域の連携・協働の在り方と今後の推進方策について（答申）」（平成27年12月21日）

---

*1　これは，文部科学省内の担当が前者は初等中等教育局，後者（従来は学校支援地域本部等）は生涯教育政策局であったことの影響を受けたものである。なお，2018年の文部科学省の組織再編では，これらの所管が総合教育政策局に一元化された。

1 学校と地域の連携を進める2000年代の政策展開

1 学校運営への保護者・地域住民の参加

　学校と地域の連携を進める政策は，大きく2つの潮流に分けられます。
　一つは，学校運営に保護者や地域住民などの関係者の参加を可能にするものです。その背景として大きいのは，学校の自律性の拡大です[*2]。学校運営の自主性・自律性について一つの章を割いて論じた中央教育審議会答申では[*3]，「公立学校が地域の教育機関として，家庭や地域の要請に応じ，できる限り各学校の判断によって自主的・自律的に特色ある学校教育活動を展開できるようにする」ことが必要と述べています。児童生徒や地域の実情に応じた教育活動を進めるためには保護者や地域住民からの意見や情報を得ることが不可欠です。他方，学校の裁量が拡大することに対応して，学校の情報公開や説明責任も求められてきます。学校の自律性と，それに伴う情報公開や説明責任の要請を背景に，以下の諸制度が法制化されました。
　①学校評議員制度・学校関係者評価
　その端緒となったのが，2000年に導入された学校評議員制度です。これは，保護者や地域住民，その他の有識者に学校評議員を委嘱し，校長の求めに応じて学校運営への外部意見を取り入れようとするしくみです。教師の専門的意思，中央政府や教育委員会による行政意思に加えて私的意思を学校運営に取り入れる点で，「我が国の学校経営の歴史にあって大きなエポックを画する」と評価されるのがこの制度です[*4]。その導入は，学校を管理する地方教育委員会の判断によるものでしたが，実施5年後の2004年度には全公立学校の約8割（78.4％）に置かれるなど，すぐに普及しました[*5]。

---

*2　「学校の自律性」については，本書第7章参照。
*3　中央教育審議会「今後の地方教育行政の在り方について（答申）」（平成10年9月1日）。
*4　日本教育経営学会（編）『自律的学校経営と教育経営』玉川大学出版部，2000年，p. 32。
*5　教育再生会議「学校再生分科会　第1回会議資料8-4『子どもをめぐる状況4』」を参照。

また，学校は，毎年度，自らの教育活動の自己評価を行い，これを公表していますが，2008年度には，保護者・地域住民等の学校関係者が，自己評価の結果を踏まえて行う評価，すなわち学校関係者評価の実施が各学校の努力義務となりました。学校運営に保護者や地域住民が参加するこうした取り組みは，学校の説明責任を高めようとする時代の潮流にも後押しされ，全国的に広がりを見せています。

②学校運営協議会（コミュニティ・スクール）

　もう一つ，学校運営協議会という制度があります。これは2004年に導入されたもので，学校運営に保護者・地域住民がより深く参加することを可能にしたものです。学校評議員は，行政委嘱委員という一個人として学校運営に意見を述べるだけでしたが，学校運営協議会は，合議制の機関であり[*6]，その構成員は非常勤の特別職地方公務員として位置づけられることに加え，協議会として次の３つの権限を行使することが法律によって認められています（地方教育行政の組織及び運営に関する法律第47条の５）。

　１番目に，教育課程等，校長がつくる学校運営の基本方針に対して承認をするという権限があります。「承認する権限」というのはいささか面妖ですが，校長は承認を受けて学校運営を進めなければならないという方がわかりやすいでしょう。２番目に，学校運営に関する意見を教育委員会や校長に述べることができるという権限があります。３番目に，教職員の任用に関して教育委員会に意見を述べることができるという権限があります。これは，任命権者である教育委員会に対して意見を述べるので，政令指定都市以外の市町村立公立学校の場合，都道府県教育委員会に意見を示すことになります。この意見を任命権者は尊重するということも規定されています。

　学校運営協議会の導入は，学校を管理する地方教育委員会の判断によるもので，学校評議員と同じく任意です。学校運営協議会を置いた学校のことを「コミュニティ・スクール」と通称することがあります。

　しかし，学校運営協議会は，その権限が強いことから導入を躊躇する教育委

＊６　**合議制の機関**：会に集う委員の合議により物事を決める会議体のこと。

員会も多く，あまり広がりませんでした。2010年には，学校評議員を置いている学校が3万6,075校であったのに対し，学校運営協議会を置いている学校は629校にとどまっていたのでした。[*7]

2 学校支援ボランティアを進める政策と実践の展開

　学校と地域の連携を進める政策の第2の潮流は，学校支援ボランティアを促進するための政策です。

　2008年には，「学校支援地域本部」「放課後子供教室」という制度が導入されました。前者は，地域住民等の参画により，学校の教育活動を支援するしくみ（本部）をつくり，様々な学校支援活動を実施するためのものです。中学校区単位を基本とした「本部」を設置し，ボランティアの募集，学校やボランティアの活動ニーズの調整を行います。ボランティアは，教育課程内外で学習支援，部活動支援，環境整備，登下校安全確保，学校行事支援など，その学校や地域の実情に合わせたかたちで学校教育に関与します。後者は，特に放課後に焦点を当て，学習支援（予習・復習，補充学習等）・体験学習（実験・工作教室，英会話，文化・芸術教室など）・スポーツ活動等を行う「教室」を学校で開くものです。どちらも，地域のボランティアの参加を得て行います。コーディネーター等の謝金や，活動にかかる経費の一部を補助することで，より円滑で，幅広い活動が行われることを期待したものです。

　もともと地域と連携した教育活動は日本の学校で一般的に見られるものですが，上記の制度の利用もあり，学校支援ボランティアの活動が活発になっていることが調査からわかっています。文部科学省は，地域住民による外部講師の招聘や，ボランティア等による授業サポートを行っているかを経年的に学校に尋ねていますが，2007年と2017年を比較してみると，「よく行った」との回答が，それぞれ10％前後増加していることがわかります（図8-1）。特に，後者は，小学校で大きく増加しています。

＊7　文部科学省「学校運営の改善の在り方等に関する調査研究協力者会議　第1回会議資料3」を参照。

図8-1　学校支援ボランティアの広がり
出所：文部科学省「全国学力・学習状況調査（各年度）」より筆者作成。

　学校支援ボランティアを推奨する背景として第一に，総合的な学習の時間を中心とした学校の外部環境を踏まえた教育課程の広がりがあげられます。2002年から本格的に実施された総合的な学習の時間では，社会の変化に主体的に対応できる資質や能力を育成することを目指しました。この際，教師による適切な指導を行うことを前提に，地域の教育資源の活用を進めることで，教科書や教室を超えた横断的・総合的な課題やプログラムをつくりあげることが，各学校には求められました。

　第二に，ボランティアとして参加する人たちの生涯学習の意味合いもあります。地域で活動すること，なかでも学校で児童生徒と関わること自体にやりがいを感じる人は多いでしょう。

　第三に，児童生徒にとって，様々な年代の他者と交流することのメリットがあると考えられていることもあります。

　第四に，地域に存在する各種団体にとってのメリットもあります。例えば企業を考えてみると，「企業の社会的責任[*8]」という概念の普及に伴って，学校教育を含む社会事業に取り組む例が増えてきています。また，近隣にある大学を考えてみれば，例えば，みなさんのように教員を目指している学生を，学校に

＊8　**企業の社会的責任**：Corporate Social Responsibility（CSR）の日本語版。企業が自らの利潤追求や法令遵守だけでなく，環境への対応や地域社会への貢献などを行うことで社会への責任を果たす必要があるという考え方。その取り組みが長期的にはイメージ向上や市場創造につながることも含めて，様々な事業に取り組む企業が増えている。

ボランティアとして送り出すことで学びにつなげてもらおうとする大学も多数見られます。このほか，NPOなどの新しい団体や，町内会等の既存の団体も含めて，学校を活動の場として，win-winの関係をつくろうとする動きがあるのです。

2 学校と地域の連携に関わる近年の法改正

近年，これらの制度に関して法改正がありました。

まず，地方教育行政の組織及び運営に関する法律（以下，地方教育行政法）が2017年に改正され，学校運営協議会の位置づけに変化がありました。

第一の変化として，前述した3つの権限のうち，教職員の任用に関する意見については，あらかじめどのような意見を聴取するかについて教育委員会規則で規定することとしました。これは，学校の考えを一方的に無視した人事が学校運営協議会によって行われるようになるのではないかという懸念に対して，あらかじめ意見を述べる事項を限定することを可能にすることで，対応しようとしたものです（同法第47条の6第7項）。

第二の変化は，学校運営協議会の役割を，校長による学校運営を支援するものとして，法律上に明示しました。すなわち，学校の運営や，その運営に対して必要な支援に関して協議する機関という位置づけを学校運営協議会に与えたのです（同法第47条の6第1項）。

第三の変化は，上記2点を前提として，所管する全公立学校をコミュニティ・スクールにすることを，各地方教育委員会の努力義務としたことにあります（同法第47条の6第1項）。

学校運営協議会の普及が推奨される背景には，そのしくみを用いることで，学校と地域が育てたい子ども像等について共有するとともに，具体的な学校支援活動をより組織的・計画的・体系的にすることができると考えられているからです。学校支援活動を通して，保護者・地域住民等と顔の見える関係を築き

＊9　win-win：双方が利益を得られるような関係のこと。

つつ，そうした個々の活動が学校組織の教育活動のなかでどのような位置や意味をもっているのかを吟味しながら，その振り返りと改善を図るということを通して，「社会に開かれた教育課程」「カリキュラム・マネジメント」という教育課程改革にもつなげていこうという発想が読み取れます[*10]。

しかし，学校運営協議会には強い権限があるがゆえ，「ややもすれば，学校が地域住民や保護者等の批判の的となるのではないかといった印象をもたれてしまう」ことも事実でした[*11][*12]。こうした懸念を解くことで一層のコミュニティ・スクールの活用を図るため先に第一，第二の変化として説明したような法改正がなされたのです。

さらに，2017年には社会教育法も改正され，「地域学校協働活動」という概念が規定されました。これは，「地域と学校が連携・協働し，幅広い地域住民や保護者等の参画により地域全体で子供たちの成長を支え，地域を創生する」[*13]ものとされ，これまで学校支援地域本部や放課後子供教室等の事業で行われてきたボランティア活動などを包含する新たな概念として打ち出されたものです。具体的には，学校の放課後や休業日に児童生徒に対して行う学習等の活動，青少年に対するボランティアの機会の提供，生涯学習で学んだ成果を活用して行う学校等での教育活動について，地域住民等が学校と協働して行う活動のことを指します（社会教育法第5条第1項の第13・14・15号，ならびに第5条第2項）。地方教育委員会は，地域学校協働活動が円滑に実施されるよう，地域住民等と学校との連携協力体制の整備，地域学校協働活動に関する普及啓発その他の必要な措置を講じるものとされました。

また，文部科学省の通知で[*14]，学校と地域の連携に関わる校内担当者を，地域

[*10] 「教育課程」については，本書第6章参照。
[*11] 中央教育審議会「新しい時代の教育や地方創生の実現に向けた学校と地域の連携・協働の在り方と今後の推進方策について（答申）」（平成27年12月21日）。
[*12] 実のところ，学校運営協議会を設置して地域や保護者との連携を進めていたほとんどの学校では，学校運営協議会が独走し，学校や教師を一方的に批判するような事態は起こっていません。これについては，佐藤晴雄（編）『コミュニティ・スクールの全貌——全国調査から実相と成果を探る』風間書房，2018年を参照。
[*13] 文部科学省「社会教育法の改正及び地域学校協働活動の推進に向けたガイドラインについて」2017年，p. 4。

連携担当教員等として明示し，校務分掌に位置づけることが奨励されました。これまでも，各学校では，副校長・教頭レベルが地域連携を主管する担当者となっていたり，教務関係では主任レベルが，個々の授業では当該授業の担当者レベルが地域連携にあたってきましたが，今後は，地域連携担当教員が学校組織内での連絡調整やニーズの把握を行い，校内のコーディネートをするケースが増えていくと考えられます。

これらの法改正を経て，諸事業が整理されたと言えるでしょう。端的に言えば，学校運営協議会と地域学校協働本部を両輪として，各学校がその外部環境との交流を深めることが推奨されていると言えるのです。

3 学校・家庭・地域の連携の全国化で大事にしたいこと

以上のような政策を背景に，コミュニティ・スクールの数も大きく増加してきました。2010年に629校だったものが，2015年には1,919校，そして本章執筆時点で最新の統計によれば，2018年には5,432校と，加速度的に拡大しており[*15]，各学校で，今後一層取り組みが進むものと予想されます。

最後にいくつか，注意点や，さらに考えていかなければならない点について，触れておきたいと思います。

第一に，学校という場で多くの人々が活動を始めることは，地域全体の活性を高めることになり，一定の効果は見込めます。しかし，それが一過性のものであったり，誰かに過重な負担を求めるものであってはいけません。また，ボランティアの過剰な称揚によって参加できない人が疎外されたりすることのないような配慮も必要でしょう。特に問題なのは，「みんなでやっているのだから」「あなただけやらないのはおかしい」といって，教師の時間外労働（例：土日のお祭り，放課後の会議）や，保護者の学校支援（例：PTA活動以外の追加的

[*14] 文部科学事務次官通知「義務教育諸学校等の体制の充実及び運営の改善を図るための公立義務教育諸学校の学級編制及び教職員定数の標準に関する法律等の一部を改正する法律等の施行について（通知）」（平成29年3月31日）。

[*15] 文部科学省「コミュニティ・スクールの導入・推進状況（平成30年4月1日）」 http://www.mext.go.jp/a_menu/shotou/community/shitei/detail/1405722.htm （2018年12月7日閲覧）。

労務提供）が際限なく増えることです。ある決まったかたちに拘泥し，誰かに負担をかけながら多くの活動を維持するというよりは，ゆるやかなネットワークのなかで，その時々の状況に応じた無理のない活動を継続することの方が，長い目で見ると有効ではないでしょうか。

　第二に，地域住民や保護者が今まで以上に関わることは，言い換えれば児童生徒に関わる大人が増えるということです。もちろんそれは有意義なのですが，逆に児童生徒を「お客様」にしてしまわない配慮も重要になってきます。発達段階に応じて，児童生徒たちが教育活動に主体的に関われる場面をつくってほしいと思います。学校運営協議会にオブザーバーとして参加し，共に意見交換することで，大人だけの会議とは異なる視点を得られるだけでなく，児童生徒の市民性の発達に寄与することも指摘されています。

　第三に，地域住民や保護者の意見や手助けは，教師の専門性に取って代わるものではないことに注意してほしいと思います。ここで取り上げたいのは，場合によっては地域住民や保護者から適切とは言えない提案がなされる場面です。一つの例として，学校運営協議会の一部委員から体罰を容認するような意見があったらどうでしょうか。もちろん体罰は法律で禁止されており，そのことを説明することになるのでしょうが，より根本的に重要なのは，子ども観，教育観という深い部分での納得です。子どもの最善の利益を踏まえながら教育をデザインする主体は学校においては教員であることを忘れず対応してほしいものですが，そのためにはただ否定するのではなく，体罰が法で禁止されていることの教育的意味を解きほぐして語る言葉を教師がもっていることが必要でしょう。みなさんには，教職課程の学びを通して，学校の外部環境である地域住民や保護者と共に，よりよい教育について語るための基本的な道具や言葉を身につけていってほしいと思います。

＊16　仲田康一『コミュニティ・スクールのポリティクス——学校運営協議会における保護者の位置』勁草書房，2015年。

まとめ

　本章では，学校教育に保護者や地域住民の参加を得るしくみとして，学校運営への参加を促すしくみと，学校支援ボランティアの参加を促すしくみを概観しました。2000年代に入ってから様々な制度が導入されてきましたが，2017年の法改正で「学校運営協議会」（コミュニティ・スクール）と「地域学校協働活動」という2つを各地方自治体で進めるというかたちに整理され，法律上に明記されました。地域と学校が関わることの意味について，今後の実践に向けての課題を含めて理解してください。

 さらに学びたい人のために

○仲田康一『コミュニティ・スクールのポリティクス——学校運営協議会における保護者の位置』勁草書房，2015年。
　学校支援活動が活性化する半面，そのことがPTAの役員など一部の保護者にとっての負担となっている例があることを，コミュニティ・スクールの調査をもとに実証しています。コミュニティ・スクールの持続可能性という観点で読んでみてください。

○佐藤晴雄（編）『コミュニティ・スクールの全貌——全国調査から実相と成果を探る』風間書房，2018年。
　コミュニティ・スクールの校長や教育委員会に対して行った全国アンケート調査をもとに，どのように学校運営協議会が運営されているか，どのような成果や課題があるかを明らかにしています。具体的な地域の事例も載っています。

○宮下与兵衛（編）『地域を変える高校生たち——市民とのフォーラムからボランティア，まちづくりへ』かもがわ出版，2014年。
　社会人の一歩手前の高校生が，地域と関わるなかで，民主主義社会の主体として成長していく様を描いています。学校運営協議会を取り上げたものではありませんが，地域との関わりのなかで目指すべきもののイメージを広げるために一読をおすすめします。

第9章

学校施設・学校統廃合
──縮小社会のなかの教育環境整備──

●　●　●　学びのポイント　●　●　●

- 児童生徒数，小中学校数の経年変化を理解する。
- 学校施設整備のための日本での法律の制定状況を理解する。
- 学校統廃合による学校規模の変化，および実態と背景について理解する。
- 学校統廃合をめぐる市区町村の背景について考えることができる。
- 地域社会のなかでの学校施設の機能，およびその機能の保持のために行われていること，実際に起こったことを理解する。

WORK　学校統廃合によって何が起こる？

　以下の文章は，学校統廃合後の2つの地域A，Bにおける架空の新聞記事です。記事aは地域A，記事bは地域Bに関するものです。まずは，記事を読んでみましょう。

【記事a】
　地域Aでは，進行する小規模校化を理由に，地域住民との話し合いの結果，学校統廃合が実施された。学校統廃合が実施されてから1年が経過した地域Aでは，保護者から「学校への距離が長くなり，通学路の安全が不安でしたが，スクールバスを運行してもらっているので，安心して子どもを学校に通わせています」という声が出ている。さらに，統廃合後の学校に通う子どもは「新しい友達ができるか不安だったけど，すぐに新しい友達ができて，前の学校ではできなかったサッカーをして楽しく過ごしています」との声がある。

【記事b】
　地域Bでは，地域の少子化，財政難を理由に学校統廃合が実施された。学校統廃合が実施されてから1年が経過した地域Bでは，地域住民から「十分な話し合いが行われることなく，地域から学校がなくなり困惑している」「授業で地域と触れ合う時間が少なくなった」との声がある。さらに，統廃合後の学校に通う子どもは「最初は他の学校の友達と仲良くすることがとても難しかったです」と話している。

　以上の記事を読んだ上で，以下の質問について考えてみましょう。そして，自分がまとめた考えをグループ内で発表してみましょう。
　① 学校統廃合を行う前に地方自治体が考慮することは何でしょうか。
　② 学校統廃合によって起こり得るメリット，デメリットは何でしょうか。
　③ 子どもや保護者，地域住民にとっての学校施設の役割は何でしょうか。

第9章　学校施設・学校統廃合

● 導　入 ● ● ● ● ●

　本章では，児童生徒数の変動に伴って，学校施設，特に小・中学校が減少する政策（学校統廃合）が採用されてきたことを学習します。少子化社会のなかでの学校統廃合に関する国や市区町村での政策動向，その目的について，学校規模や地域コミュニティとの関係を含む社会経済状況に触れながら解説しています。学校は児童生徒の教育の場としての機能に加えて，地域住民の交流の場としての機能，災害時の避難所としての機能等，地域コミュニティの核として，教育にとどまらない幅広い役割を担っています。それらの機能の継続のために，学校施設の耐震化や長寿命化を進めるための財政制度も整備されています。地域社会のなかの学校施設を支えるための制度的背景，およびそのための課題について本章を通じて学んでいきましょう。

● ● ● ● ● ● ● ●

【担当部門】
　文部科学省大臣官房文教施設企画・防災部，都道府県・市町村教育委員会「学校施設課」のような名称の部門が担当することが多い。

【重要法令】
　学校教育法，義務教育諸学校等の施設費の国庫負担等に関する法律，公立義務教育諸学校の学級編制及び教職員定数の標準に関する法律

【重要答申類】
　中央教育審議会「公立小・中学校の統合方策についての答申」（昭和31年11月5日）
　文部省初等中等教育局長・文部省管理局長通知「公立小・中学校の統合について（通知）」（昭和48年9月27日）
　文部科学省「公立小学校・中学校の適正規模・適正配置等に関する手引──少子化に対応した活力ある学校づくりに向けて」（平成27年1月27日）

1　少子化時代の小・中学校整備

1　学校数，児童生徒数の変遷

　進展する少子化社会のもと，各地方自治体で学校統廃合が起こっています。図9-1は文部科学省の「学校基本調査」をもとに，小学校数，中学校数，児童生徒数の推移をまとめたものです。図9-1を見ますと，過去に二度児童生

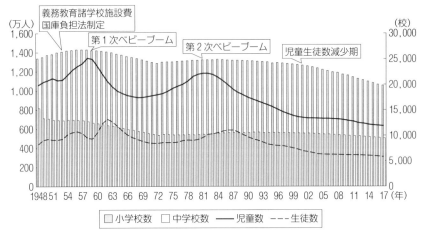

図9-1 小・中学校数，児童生徒数の推移
出所：文部科学省「学校基本調査（各年度）」より筆者作成。

徒数が増加した時期があることがわかります。一度目の増加は第1次ベビーブームの時期に起こり，児童生徒数が1958年に最大1,840万2,941人に増加しました。その後，児童生徒数が減少しましたが，第2次ベビーブームを機に，児童生徒数は再び増加し，1982年度に1,722万4,976人まで増加しました。その後，再び児童生徒数は減少を続け，2017年度に939万7,122人となり，第2次ベビーブームの時から782万7,854人減少しました（減少率：45.4％）。児童生徒数の変動に伴って，1985年時点で小・中学校は合計3万5,271校（小学校：2万4,799校，中学校：1万472校）設置されていましたが，2017年度時点には2万9,273校（小学校：1万9,794校，中学校：9,479校）となり，5,998校減少しました（減少率：17.0％）。児童生徒数，小・中学校数ともに過去最低の数値です。児童生徒数の減少率に比べて，小・中学校数の減少率は小さいですが，これは1校あたりの児童生徒数が減少していることを意味します。

2 学校施設の整備事業に関する制度

小・中学校の設置者は市区町村であり，小・中学校の新増築，学校統廃合と

第9章　学校施設・学校統廃合

いった学校施設の管理は設置者負担主義[*1]（学校教育法第5条）に基づいて，市区町村教育委員会の学校施設課（地方自治体によって施設整備課等，呼称が異なることもあります）によって行われます[*2]。ただし，市区町村単独では学校整備に対する財源を捻出できる財政的余裕がないので，義務教育諸学校等の施設費の国庫負担等に関する法律（以下，義務教育諸学校施設費国庫負担法）が1958年に制定されました。この法律の制定には，戦後1947年の学校教育法の制定に伴って6・3制が発足し，市区町村が新制中学校の校舎建設を行う必要性があったことが背景にあります。法律の制定前，新制中学校の校舎建設の費用を厳しい財政状況のなか，市区町村が単独で負担していたため，その建設が遅れることもありました。そのため，3人の首長が政治的責任をとるかたちで自殺したという事実もありました[*3]。このような事実も受けて，市区町村の学校施設の整備のために，国からの財政補助を定める法律が制定されたのです。

　この法律に基づき，学校整備に対する財源の一部が文部科学省（旧文部省）から負担されるようになりました。文部科学省での学校整備に関する施策は，大臣官房文教施設企画・防災部が担当しています。具体的には，①公立小中学校，および義務教育学校の教室不足解消のための校舎の新増築の経費の2分の1（同法第3条第1項第1号），②公立小中学校，および義務教育学校の屋内運動場の新増築の経費の2分の1（同法第3条第1項第2号），③公立小中学校，および義務教育学校を適正規模に統合しようとすることで必要となる経費，または統合したことに伴って必要となった校舎または屋内運動場の新増築に要する経費の2分の1（同法第3条第1項第4号）が負担されることとなっています。この地方財政措置により，地方自治体の実質的な財政負担は軽くなっています。

　児童生徒数の増加時期には，学校の新増築といった量的整備が行われました。その後の児童生徒数減少期には，エコスクールの整備や余裕教室の活用等の質的整備が行われました。文部科学省の「平成29年度公立小中学校等における余

[*1] **設置者負担主義**：学校の運営管理にかかる経費は原則として設置者が負担するというもの。公立小中学校の場合には市区町村が多い。ただし，教職員の給与は国と都道府県により負担される。
[*2] 県立学校の場合は都道府県教育委員会の学校施設課が担当する。
[*3] 市川昭午・林建久『教育財政』東京大学出版会，1972年，p. 346。

裕教室の活用状況について」によると，2017年5月1日時点で公立小中学校，義務教育学校の余裕教室数は8万414室あり，そのうち7万9,216室（約98.5%）が活用されていました。具体的に，学校施設としての活用方策（7万5,817室）として，学習方法・指導方法の多様化に対応したスペース（3万4,888室：46.0%）が多く，学校施設以外への活用方策（3,204室）として放課後児童クラブ（2,152室：67.2%）が多くなっていました。

2 学校統廃合を取り巻く社会経済的状況

1 学校統廃合をめぐる政策動向

　2015年1月27日に文部科学省は「公立小学校・中学校の適正規模・適正配置等に関する手引――少子化に対応した活力ある学校づくりに向けて」を公表しました。文部省（当時）が策定した学校統廃合に関する手引として，これまで1956年の「公立小・中学校の統合方策についての答申」，1957年の「学校統合の手引」，1973年の「公立小・中学校の統合について（通知）」の3つがあります。1956年，1957年の通達では小規模校の教育効果の低さ，運営経費の割高さから学校統廃合を奨励する旨が記されましたが，1973年の通達では無理な統廃合は行わない旨が記されました。文部省の学校統廃合への態度の変更から，1973年の通達は「Uターン通達」とも呼ばれます。2015年の手引は学校統廃合に関して学校規模や通学距離の観点から約40年ぶりに見直されたもので，学校統廃合により積極的な態度を示しています。具体的には，クラス替えができない6学級以下の小学校，3学級以下の中学校に関して「適正規模に近づけることの適否を速やかに検討（傍点，筆者）する必要」性が示され，通学距離基準に関して，交通機関の利用を前提に「おおむね約1時間以内」という新たな基準が設定されました。ただし，この手引に強制力はなく，最終的な学校統廃合の判断は地方自治体で行われます。例えば，山間へき地や離島等の地理的条件により適正規模にするための統合ができない時，学校統廃合が行われないこともあります。

第9章 学校施設・学校統廃合

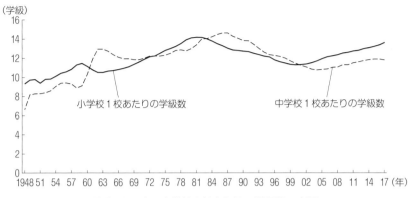

図9-2 小・中学校1校あたりの学級数の変遷
出所：文部科学省「学校基本調査（各年度）」より筆者作成。

　文部科学省の手引にもあるように学校統廃合は，小・中学校を適正規模に近づけることを一つの目的としています。適正規模を考えるために，学校設置基準（2002年制定）が参考になります。学校設置基準では，小・中学校の1学級の児童生徒数，教諭数，校舎や運動場の面積等の基準が示されており，「設置基準より低下した状態にならないようにすること」が地方自治体に求められています。そのなかで，1学級の児童生徒数の基準は40人以下とされています（小学校設置基準第4条，中学校設置基準第5条）。なお，学校設置基準が制定されるまでは，国庫補助負担金の補助基準が実質的なガイドラインとなっていました。

2　学校統廃合による学校規模への影響

　次に図9-2をもとに，小・中学校1校あたりの学級数の変遷を検討します。第2次ベビーブームの際に小学校1校あたりの学級数は1981年度に最大の14.2学級，中学校1校あたりの学級数は1986年度に最大の14.6学級となりました。その後，1校あたりの学級数は減少しましたが，小学校は2000年度，中学校は2004年度を境に再び上昇し始め，2017年度時点で小学校1校あたりの学級数は13.4学級，中学校1校あたりの学級数は11.9学級となりました。二度のベビーブームの際の1校あたりの学級数の増加は，主に児童生徒数の増加に伴う必要

123

学級数の増加が背景にありますが，児童生徒数減少期の1校あたりの学級数の増加は主に小規模校が統廃合されていることが背景にあります。

　小・中学校1校あたりの学級数が大きく変動しない背景に，1学級あたりの児童生徒数の標準が変化してきたこともあります。1学級あたりの児童生徒数の標準を定めたものが，1958年に制定された「公立義務教育諸学校の学級編制及び教職員定数の標準に関する法律」（以下，義務標準法）です。制定当時は小・中学校の1学級あたりの児童生徒数の標準が50人であるとされ，その後1964年度に45人，1980年度に40人と引き下げられました。さらに，2011年度には小学校1年生に関して，1学級あたり35人が標準であるとされました。児童生徒数が減少するなかでも，1学級あたりの児童生徒数の標準が引き下げられることで，1校あたりの学級数が押し上げられたのです。

　1学級あたりの児童生徒数の標準の引き下げは，いずれも児童生徒数の減少期に行われました。これは児童生徒数の減少による教職員定数の自然減に伴い，教職員配置のための予算が少なくなることを防ぐためです。小・中学校に必要な教職員数（教職員定数）は義務標準法に則り，学校数，学級数，およびそれらに乗ずる数をもとに算定され，学校数，学級数が多いほど，必要な教職員数も多く算定されます。1学級あたりの児童生徒数が少ないほど，1学年の複数の学級編制が容易になり，教職員定数が相対的に多く確保できるのです。

3　学校統廃合を取り巻く経済的環境

　地方自治体が学校統廃合を行う理由に，財政難の解消もあります。市区町村が小・中学校費で多く財政負担しているのは，小・中学校の運営管理，維持更新への支出です[*4]。第2次ベビーブームを機に新設された小・中学校は同時期に老朽化を迎えるため，地方自治体は古くなった校舎の建て替えや修繕を行う必要があります。

　文部科学省によると，新増築を伴う学校統廃合で，複数の学校を1校に整備

[*4]　「教育財政」の詳細については，本書第13章参照。

する時にかかる総事業費は，小学校が20億2,330万8,000円（うち市区町村負担費12億5,261万円），中学校が19億7,797万円（うち市区町村負担費13億140万5,000円）であると算出されています[*5]。一方，2016年度の総務省「市町村別決算状況調」によると，地方自治体の小学校費は平均7億4,155万8,000円，中学校費は平均4億2,064万1,000円となっています[*6]。この平均的な支出額は，先の校舎の新増築を伴う学校統廃合にかかる総事業費と比較すると小さく，統廃合によって校舎を新増築する場合，義務教育諸学校施設費国庫負担法のもとでも，地方自治体の財政負担が大きいことがわかります。

　学校統廃合が実施された場合，その後スクールバスの運行等，教育の質の担保のために追加的な教育政策が実施されることもあります。例えば，横浜市では学校統廃合に伴って，児童生徒の通学距離が延びることから，スクールゾーンの路面表示の新設，更新等の通学路安全対策が実施されています。ただし，その追加的な政策，施策の実施状況の全国動向は明らかになっていません。

4　学校統廃合を取り巻く社会的背景

　学校統廃合は一概に地方自治体の教育委員会の一存で実施されるわけではありません。学校統廃合の過程では，教育委員会と地域住民との対話が図られます。学校は地域の拠点としての機能を担うこともあるため，学校統廃合で地域から学校がなくなることで，統廃合後の地域社会が衰退するという懸念もあります。懸念を抱く地域住民からの学校統廃合への反対の意思が強ければ，学校統廃合が実施されないこともあります。例えば，宮城県加美町では町教育委員会が学校統廃合を計画した際，統合によって学校がなくなる地域の住民から不満が強く出され，学校統廃合の方針を白紙に戻したという経緯があります[*7]。

---

* 5　文部科学省「小中学校及び高等学校の統廃合の現状と課題」2017年を参照。
* 6　総務省『地方財政白書（平成30年版）』日経印刷，2018年によると，市町村の教育費の性質別決算額は，物件費が2兆6億円（34.8%），普通建設事業費が1兆6,110億円（28.0%），人件費が1兆3,196億円（22.9%），その他が8,191億円（14.2%）であった。
* 7　「宮崎中を小野田中に統合――町教委の方針白紙に　町長，『時期尚早』と回答」『河北新報』2009年12月9日付朝刊。

さらに地方自治体内に小学校，中学校が1校しか設置されていないと学校統廃合を実施できません。これは学校教育法第38条と第49条に，小・中学校の設置義務が各地方自治体に課されており，地方自治体内に少なくとも小・中学校1校ずつ設置することが求められているためです。文部科学省「学校基本調査」によると，小・中学校ともに1校ずつしか設置されていない地方自治体は2017年度時点で1,741のうち215でした（12.3％）。小学校，中学校が1校のみだと，学校が小規模でも統廃合により，適正規模に近づけることができません。

3 学校施設の長寿命化，耐震化

学校施設は統廃合の有無にかかわらず，児童生徒の教育の場に加えて，地域住民の交流の場，災害時の避難所となります。そのため学校施設を整備し，耐震化，長寿命化を進めることは，その機能を継続させる点で重要になります。

学校の避難所としての機能に関して，文部科学省によると，2017年度時点で2万7,768校の公立小中学校が避難所として指定されていました（全公立小中学校の94.9％）[8]。学校が避難所として機能する背景には，避難所への指定率の高いことや，国内の公共施設のうち文教施設（校舎，体育館）が最も多いこと（42万6,373棟中14万9,858棟：35.1％），耐震診断実施率，耐震率が他の公共施設と比較して最も高いことが理由としてあげられます（順に99.4％，98.1％）[9]。

学校の耐震補強工事に際しては，義務教育諸学校施設費国庫負担法に基づき，国から市区町村に対して工事に必要な経費の原則3分の1（財政力指数[10]が1を超える場合には7分の2）が学校施設環境改善交付金として交付され，地方自治体の財政力によらずに学校施設の耐震化整備を行える財政移転制度が整備されています。耐震補強工事の補助率が3分の1であることから，地方自治体は補助

---

* 8 文部科学省「避難所となる公立学校施設の防災機能に関する調査の結果について」2017年。
* 9 消防庁「防災拠点となる公共施設等の耐震化推進状況調査報告書」2017年 http://www.fdma.go.jp/neuter/topics/houdou/h29/11/291117_houdou_1-1.pdf（2018年8月1日閲覧）。
* 10 **財政力指数**：地方公共団体の財政力を示す指標であり，当該団体の標準的な税収の一定割合である基準財政収入額を，地方財政計画に基づいて算出される1年間に必要な経費である基準財政需要額で除した3年間の平均値である。

率が2分の1の新築による耐震化を選択することも考えられます。さらに2011年の東日本大震災の際には，学校施設の復旧のために公立学校施設災害復旧事業と復興交付金（基幹事業）が適用されました。国から地方自治体への財政移転制度の手厚さが学校施設の迅速な復旧に寄与したとの指摘もあります。[*11]ただし，校舎の被害が大きかった学校では他校の校舎の間借りや，他の地方自治体への校舎の移転，プレハブ校舎の設置が行われたことも事実です。

　学校施設の長寿命化に関して，文部科学省は2017年3月29日に「学校施設の長寿命化計画策定に係る解説書」を公表しました。そのなかでは，学校施設の整備に関して，①安全性，②快適性，③学習活動への適応性，④環境への適応，⑤地域の拠点化の5つの観点が設定されています。地震に強い学校施設を整備する等のハード面の観点（①安全性）に加え，児童生徒の自発的な学習を促すための環境整備等のソフト面の施策との連携も観点（③学習活動への適応性）に入れ，長寿命化を図っていこうとすることが特徴です。学校施設の長寿命化の背景には，地方自治体の厳しい財政状況のなか，校舎を建て替えるよりも財政負担を抑制できることもあります。学校施設は国内の公共施設のなかでのシェアが大きいため，学校施設の長寿命化は喫緊の課題となっています。

 まとめ

　日本では，これまで児童生徒数の変化に合わせて小・中学校施設を整備してきました。児童生徒数が減少する近年では，各市区町村で学校統廃合が進められています。学校統廃合を行う市区町村の背景には，学校の小規模校化，財政難，地域住民との関係等があり，各市区町村は学校の事情に応じて学校統廃合を実施するか，実施しないかを選択します。学校は教育の場のみならず，地域コミュニティの核としての役割も担うことから，施設の耐震化，長寿命化を図っていくことは重要なものとなります。学校統廃合，学校施設の耐震化，長寿命化を含めた，学校施設の整備の際には，国からの負担金も交付されるために，市区町村の財政力によらない整備事業の実施が可能となっています。

＊11　青木栄一「学校教育における迅速な復旧」青木栄一（編）『復旧・復興へと向かう地域と学校』東洋経済新報社，2015年，pp. 1-38。

さらに学びたい人のために

○青木栄一『教育行政の政府間関係』多賀出版，2004年。
　　市区町村で行われる学校施設の整備事業を事例に，国の法律下での市区町村の裁量を研究した書籍です。市区町村は法律のもとでも，自らの裁量を活かして学校施設整備事業を実施することが示されています。

○丹間康仁『学習と協働――学校統廃合をめぐる住民・行政関係の過程』東洋館出版社，2015年。
　　教育委員会と地域住民の関係を研究した書籍です。学校統廃合が行われるプロセスが市区町村によって同一ではないことを理解することができます。

○木村元『学校の戦後史』岩波書店，2015年。
　　学校が社会的に担う役割について，70年間をスパンとして，その時代的な変化を明らかにする書籍です。本章で説明した新制中学校の建築や学校と地域の関係に加え，グローバル社会のなかでの内容の変遷についても説明されています。

第 10 章

学校安全
──「安心・安全な毎日」を当たり前にするために──

● ● ● 学びのポイント ● ● ●

- 学校安全に関する法制度と，学校・自治体・国，それぞれに求められている学校安全のための役割を理解する。
- 学校現場の日常のなかに存在する，児童生徒の安全への脅威を具体的に理解する。
- 学校安全を確保するための学校経営上の要点を理解する。
- 自然災害に対する学校の備えについて理解する。
- 学校の災害対応や，教育を通じた被災経験の伝承の要点を理解する。

WORK　学校でできる事故や災害への備えを考える

1．日常の学校生活に潜む危険を考えよう

　以下の点について，まず個人で考えてみましょう。その次に，3～5名のグループに分かれて，それぞれの意見を交換してみましょう。

① 登下校時における危険として，何が考えられるでしょうか。登校時と下校時での通学路の様子の違いや，雨天時に注意すべきことなど，様々なパターンを考えてみましょう。

② 授業中に起こり得る怪我として，自分の小学校・中学校・高等学校での生活を振り返りつつ，具体例を考えてみましょう。

　その際，例えば体育や理科，図画工作など，特定の教科の時間に起こりやすい怪我や，朝の授業と午後の授業での怪我のリスクの違いなどにも着目して考えてみましょう。

③ 学校危機管理マニュアルなど，日常の学校生活での事故を防ぐために実際に行われている対策の具体例を調べてみましょう。

2．学校と自然災害について考えよう

　以下の点について，まず個人で考えてみましょう。その次に，3～5名のグループに分かれて考えてみましょう。

① 学校の安全を脅かす自然災害の例をあげてみましょう。

② 地域に伝わる過去の災害からの教訓を将来にわたって伝えていくために，学校教育に何ができるか考えてみましょう。

③ 災害が発生し学校が避難所となった時，教員はその運営にどう関わるべきでしょうか。学校に避難してきた地域住民の期待，教員としての立場など，様々な視点を交えながら話し合ってみましょう。

第10章 学校安全

● 導 入 ●

　学校生活を送るなかで，常に怪我の危険を感じながら過ごしている人は少ないと思います。ましてや，学校で自分の生命が脅かされる場面など，簡単には想像できないでしょう。しかし，実は学校という場所は，児童生徒が常に身の危険と隣り合わせで過ごしている場所でもあります。2011年3月11日に発生した東日本大震災をはじめ，学校の災害との向き合い方が近年様々な場面で問われています。夏場に児童生徒が熱中症で重篤な状態に陥ったり，登下校時に児童生徒が交通事故に遭ったりという報道を耳にすることも珍しくありません。ほかにも，給食などにおけるアレルギー対策や不審者対策など，考えなければいけない点は枚挙に暇がありません。学校の「安心・安全」を保ち続けるために私たちは何を考え，何を成すことが求められるのか。本章ではそのことを考えていきたいと思います。

【担当部門】
　文部科学省（大臣官房文教施設企画・防災部，初等中等教育局児童生徒課，初等中等教育局健康教育・食育課，研究開発局地震・防災研究課），内閣府，国土交通省（国土地理院，気象庁），都道府県・市町村教育委員会（総務・政策関係部局，学校教育関係部局，学校保健・給食関係部局）

【重要法令】
　学校保健安全法，学校教育法施行規則，いじめ防止対策推進法

【重要答申類】
　中央教育審議会「学校安全の推進に関する計画の策定について（答申）」（平成24年3月21日）
　文部科学省初等中等教育局長通知「第2次学校安全の推進に関する計画について（通知）」（平成29年3月31日）

1　学校安全に係る制度・行政

1　学校安全への視点

　学校安全を学ぶにあたり，まずはそもそも「学校安全」とは何なのか，その

視点を整理しておきます。

「学校安全」を簡潔に表せば，それは「学校で起こり得る危険から身の安全を守ること」，ひいては「生命を守ること」と言えます。では，「学校で起こり得る危険」とは具体的に何か。それは大きく，「日常いつでも起こり得ること」と「頻度としては滅多に起こらないこと」に分類して考えることができます。

2014年5月20日に開催された中央教育審議会学校安全部会において配布された資料に，「学校安全について」というものがあります[*1]。そこでは学校安全は大きく「生活安全」「交通安全」「災害安全」の3つに分類して示されました。このうち前二者は毎日の生活のなかで常に潜んでいる危険に対する安全，3つ目の「災害安全」は頻度でいえば滅多に起こらない危険に対する安全と言えます。この視点に基づき，本章ではまず学校安全における学校の役割，教育委員会の役割をそれぞれ整理したのち，日常に潜む危険に対する安全，そして災害からの安全という順序でそれぞれの要点を見ていくことにします。

2　学校安全における学校の役割

学校安全に関する法規としてまず押さえておくべきものに，学校保健安全法があります。同法は2008年6月にそれまでの学校保健法が改正されたもので，学校の安全確保のために学校や設置者が果たすべき役割が規定されています。

そのうち学校の果たすべき役割について，具体的には第27条で施設および設備の安全点検，児童生徒への「安全に関する指導」「職員研修」，その他学校における安全に関する事項について計画を策定（「学校安全計画の策定」）しこれを実施しなければいけないことが定められているほか，第28条では学校の施設または設備について支障があると認められた場合に校長が改善のため必要な措置を講じることが定められています。また第29条では，各学校が危険等発生時に職員がとるべき措置の内容・手順を定めた「危険等発生時対処要領」を作成し，校長がこれの職員への周知等必要な措置を講ずること，実際に危害が生じた場

[*1] 文部科学省「学校安全について」2014年　http://www.mext.go.jp/b_menu/shingi/chukyo/chukyo5/012/gijiroku/__icsFiles/afieldfile/2014/07/07/1349373_02.pdf（2018年11月6日閲覧）．

合には関係児童生徒の心身の健康を回復させるために学校が必要な支援を行うことが定められています。

こうした学校保健安全法の定めのほかにも，学校に関することとして例えば公立学校で何か事故が発生し，そのなかで教員に不法行為があり損害賠償を求められた場合や，施設・設備の管理に問題がありそれが事故発生の原因になっていた場合などには国家賠償法の適用対象になることなどが述べられています[*2]。

3 学校安全における教育委員会の役割

学校保健安全法では，学校安全に関して学校のみならず設置者の果たすべき役割も定められています。次に示す第26条がその条文です。

> 学校の設置者は，児童生徒等の安全の確保を図るため，その設置する学校において，事故，加害行為，災害等（以下この条及び第29条第3項において「事故等」という。）により児童生徒等に生ずる危険を防止し，及び事故等により児童生徒等に危険又は危害が現に生じた場合（同条第1項及び第2項において「危険等発生時」という。）において適切に対処することができるよう，当該学校の施設及び設備並びに管理運営体制の整備充実その他の必要な措置を講ずるよう努めるものとする。

いわゆる「努力義務」ではありますが，このように設置者も学校における児童生徒等の安全確保に向けた必要な措置を講じることが求められています。

公立学校の場合，設置者はその学校が置かれている自治体になります[*3]。自治体における教育行政の所管部局は教育委員会ですので，学校安全には教育委員会も携わることが求められていることになります。このことを踏まえ，学校の安全確保に向け教育委員会に求められる具体的な役割として，各学校に向けたモデルになる危機対応マニュアルの作成や，学校で事故が発生した場合の情報収集・経過整理，必要に応じ当該学校への支援やマスメディアへの対応を行う，

---

*2 添田久美子・石井拓児（編著）『事例で学ぶ学校の安全と事故防止』ミネルヴァ書房，2015年，pp. 5-8。
*3 なお，私立学校の場合の設置者は学校法人。

などがあげられています[*4]。また，同様の事故が再発することを防ぐため，発生した事故の情報を教訓として他校に周知することも教育委員会が果たせる役割になります。このように，学校の安全確保には学校だけでなく，教育委員会をはじめとした行政機関と連携を取ることも重要であると言えます。

2　学校事故

1　学校事故のデータ

独立行政法人日本スポーツ振興センターが毎年公表している「学校の管理下の災害」という統計があります。その「平成29年版」（2016（平成28）年度に発生した児童生徒の負傷・疾病の統計）には以下の内容が記されています[*5]。

まず，小・中学校における児童生徒の負傷・疾病が発生した場所の上位5か所は表10-1のようになっています。表10-1からは，特に小学校段階では学校生活の至るところに児童の安全への脅威が存在していることがわかります。また，授業等の場合別で見ると，「給食指導」（小学校：6,848件，中学校：1,191件），「日常の清掃」（小学校：1万1,791件，中学校：3,363件），「体育的部活動」（小学校：7,690件，中学校：18万3,074件）など，授業以外の時間でも多くの事故が発生していることが見て取れます。このほか，登下校中の発生件数の多さ（小学校：2万7,771件，中学校：9,827件）も見逃せません。このように，児童生徒の学校生活には実に様々な場面に安全に対する脅威が隠れていることになります。

2　学校事故の具体的な内容

それでは，一体どこにどのような危険が潜んでいるのでしょうか。すべてを網羅することはできませんが，いくつか場合別の具体例を見ていきます。

[*4] 上地安昭（編著）『教師のための学校危機対応実践マニュアル』金子書房，2003年，pp. 19-27。
[*5] 独立行政法人日本スポーツ振興センター「学校の管理下の災害（平成29年版）」https://www.jpnsport.go.jp/anzen/anzen_school/tabid/1878/Default.aspx（2018年8月21日閲覧）。

表10-1　負傷・疾病の場所別発生件数

(単位：件)

小学校		中学校	
運動場・校庭	135,808	体育館・屋内運動場	133,281
体育館・屋内運動場	70,294	運動場・校庭	114,748
教　室	56,732	学外運動場・競技場	20,285
道　路	28,703	教　室	18,696
廊　下	18,655	学外体育館	18,030

出所：独立行政法人日本スポーツ振興センター「学校の管理下の災害（平成29年版）」より筆者作成。

　まず，前述の通り登下校時は，特に児童にとっては要注意の場面と言えます。近年では集団での登下校を行っている学校も多く見られますが，その列に車が衝突し児童が集団で負傷をしたり，時には命を落としてしまったりする場合も見られます。こうした点も踏まえつつ登下校時の安全確保を理解することが必要です。また，登下校時に関しては不審者対策にも留意が必要です。

　一方，授業時においては，体育での怪我は容易に思い浮かびますが，そのほかにも，例えば小学校の図画工作や中学校の技術，理科の実験なども比較的事故の発生しやすい場面です。また，特別活動や総合的な学習の時間等，学校外での活動が行われる場合もありますが，そうした場合の熱中症対策も重要な課題として指摘されます。ほかにも，給食時のアレルギー対策などもあります。

　近年では，インターネットやSNSの安全な利活用も見逃せません。また，特に中学校以上では，部活動時の事故の多さも見落とすことはできません。このように，ここで取り上げた事項以外にも，学校安全の観点から注意すべき事項は数多く存在しています。

3　学校事故を防ぐための対策

　このように，日常の学校安全を考える上では「いつ，どこで，何が起きても不思議ではない」という意識を教職員も児童生徒ももっておくことが重要となりますが，そうして意識を高め事故を未然に防ぐための態勢を整えるためには，授業等を通じた児童生徒への啓発のほか，教職員も「安全」に特化した研修を

行い，日頃から認識の共有を図っておくことが求められます。また，給食でアレルギーによるアナフィラキシー・ショック[*6]が起こった場合のエピペン®[*7]の使用や，運動中に事故が発生した場合のAED[*8]の使用など，救命救急処置についての研修を行うことも重要になります。

そのほか，特に登下校時の安全確保や不審者対策にかかわっては，教職員は必ずしも学校周辺の地域の事情に精通していない場合も考えられます。そのような場合に備え，例えばコミュニティ・スクールの指定を受けている学校では学校運営協議会を情報交換の場として活用するなど，保護者を含めた地域住民との密なコミュニケーションが安全性を高める上では不可欠と言えます。[*9]

3 学校安全といじめ・不登校

学校の安全にかかわって，いじめと不登校の問題も簡単に見ておきます。

いじめについては，2013年にいじめ防止対策推進法が定められ，2016年5月に改正されました。[*10]そこでは第5条で国，第6条で地方公共団体，第7条で学校の設置者，第8条で学校および教職員のいじめ防止のために負うべき責務が定められています。さらに第13条では，国が定める「いじめ防止基本方針」または地方公共団体の定める「地方いじめ防止基本方針」を参酌し，各学校が「学校いじめ防止基本方針」を定めることが規定されており，学校保健安全法における危機対応に関する定めと類似した構造となっていることがわかります。

また，いじめと並列されることの多い不登校について，文部科学省は2016年に初等中等教育局長通知「不登校児童生徒への支援の在り方について（通知）」を出しました。そこでは不登校を「児童生徒によっては，不登校の時期が休養

[*6] **アナフィラキシー・ショック**：外部から何かしらのアレルゲンが体内に侵入することで全身にアレルギー反応が生じ，意識障害や呼吸困難など生命を脅かす事態が生じること。
[*7] **エピペン®**：上記のアナフィラキシー症状の進行を一時的に緩和し，ショックを防ぐためのアドレナリン自己注射薬。
[*8] **AED**：心室細動を起こした心臓に電気ショックを与え，心拍を正常なリズムに戻すための医療機器。日本語の正式名称は「自動体外式除細動器」。
[*9] コミュニティ・スクールや保護者との連携等については本書第8章参照。
[*10] 改正法の施行は2017年4月。

や自分を見つめ直す等の積極的な意味を持つことがある」[*11]とし，必ずしも早期の登校再開を促すべき事象とは限らないとされたことに注意が必要です。

4 学校の災害安全

1 災害発生後の時期区分と時期ごとの課題

ここからは，学校における「防災」すなわち災害発生時の学校の対応と，災害を防ぐために学校ができること，なすべきことを教育行政との関わりを踏まえつつ考えていきます。まず本項では実際に災害が起こってしまった時の学校の対応を見ていくことにします。

2011年3月に発生した東日本大震災における学校の対応に関して，同年7月7日に発表された「東日本大震災の被害を踏まえた学校施設の整備について」のなかで，文部科学省は災害発生後の時間経過として以下の4つの段階を示しました（カッコ内はいつからいつまでがその時期にあたるかを示します）。

①救命避難期（災害発生直後〜避難まで）
②生命確保期（避難直後〜震災発生後数日程度）
③生活確保期（震災発生数日後〜数週間後）
④学校機能再開期

それぞれの時期の長さは発生した災害の規模によって異なってきますが，この4段階の時期区分自体は，どの災害にも適用して考えられるものと言えます。そこで次に，各時期において注意すべきポイントを確認していくことにします。

まず①救命避難期です。災害発生から緊急時の避難が完了するまでの時期ですが，通常の避難訓練であれば災害の発生は校内放送を使用して全校の児童生徒・教職員に伝えられ，それに従って避難行動が開始されることになるものと思われます。しかし，巨大地震などの場合には災害発生直後に停電が発生し，校内放送が使用できなくなる可能性も考えられます。そうした点も踏まえ，ど

---

*11 文部科学省初等中等教育局長通知「不登校児童生徒への支援の在り方について（通知）」（平成28年9月14日）。

のような事態でも安全かつ迅速に避難が完了できるような想定を平時から重ねておくことが重要になります。

　続いて，②生命確保期です。緊急時の避難を終えた後は，徐々に保護者が児童生徒を迎えに来ることが増えてきます。その際の引き渡しをどうするのか，事前に取り決めをしておくことも重要と言えます。また，詳細は後ほど改めて触れますが，多くの学校は災害発生時における「地域の避難所」としての指定を受けており，近隣に住む人々が大勢，避難者として学校に身を寄せてくることになります。その場合の初期対応も事前の検討が必要となる事項です。一方，津波が発生した場合の沿岸部の学校など，災害発生によって従来の学校施設が使用できなくなってしまった場合には，教育行政が対応すべきこととして一時的な学校再開場所の確保も重要な課題となります。

　その後の③生活確保期および④学校機能再開期は，特に避難所運営が継続している場合，どのようにして教職員が学校再開に向けた準備へと集中できる体制を整えていくかが大きな課題になります。

　このように，どの時期においても，学校が考慮すべき課題は少なくありません。そして，そのほぼすべてが，実際に災害が発生してから考え始めたのでは遅い課題ばかりです。災害に対する事前の備えの大切さが改めて確認できます。

2　災害の具体例

　では，東日本大震災のような大地震や津波のほかに，念頭に置くべき具体的な自然災害として何があげられるでしょうか。それを簡単に確認しておきます。

　日本の学校において，まず警戒すべき自然災害は「水」に起因する災害です。

　近年，特に夏季には各地で大規模な水害が発生しています。河川の決壊により一帯が水に飲まれてしまった地域も毎年のように見られます。また，夏季から秋季にかけては台風の被害がほぼ不可避であることも日本の地理的特性です。

　こうした水害や台風被害は地震とは異なり，前もってその発生を予測することが可能です。その場合，被災を未然に防ぐために学校を休校とする措置がとられることも珍しくありませんが，そのように大規模災害の発生が見込まれ休

校の措置をとる場合，その判断は各学校の校長が行えるものとされています。[*12]
被災を防ぐための事前の判断を行う役割も学校が担っているものと言えます。

3 防災教育

自然災害への意識は，教員のみならず児童生徒も日々の教育活動のなかで向上を図る必要があります。このことを踏まえ，ここでは主として児童生徒に向けた防災教育の実施について見ていきます。

防災教育は大きく，①災害が発生した際の被害をできる限り小さくしたり，被災を未然に防いだりするための，いわゆる「予防」のための教育と，②過去に起こった災害，過去の被災の記憶を教訓として語り継ぎ受け継いでいくための，いわば「伝承」のための教育に分けて考えることができます。この2つの観点を理解した上で，それぞれの要点を以下簡単に見ていきます。

まず①「『予防』のための防災教育」ですが，これは例えば理科の授業において災害発生メカニズムを学ぶことはもちろん，緊急避難時の動きの学習や避難生活を生き抜くための体力づくりの場としての体育の授業もこれに含めて考えられることがあります。[*13] このような授業場面のほか，いわゆる避難訓練や，東北地方沿岸部の「津波シェルター」のような学区内にある避難場所の確認など，十分な備えをして「想定外」を極力なくしておくことが必要です。安全かつ迅速に大勢の児童生徒が避難できる経路の確認も重要になります。

一方，②「『伝承』のための防災教育」でも，社会科や国語など授業での学習のほか，被災の経験をもつ地域の人々から話を聞いたり，「防災かるた」などを教材として取り入れたりする工夫も有用と言えます。

こうした防災教育は，複数教科にまたがる「クロスカリキュラム」の要素が

[*12] 学校教育法施行規則第63条に，「非常変災その他急迫の事情があるときは，校長は，臨時に授業を行わないことができる」と定められている。なお，災害発生時とは異なるが，インフルエンザなどの感染症が発生している場合，個人の出席停止措置は校長が行えるが，学級閉鎖や学校閉鎖を行う場合は学校の設置者が判断主体となる（学校保健安全法施行規則第21条）。

[*13] 岩手県教育委員会「平成24年度『いわての復興教育』推進校実践事例集――宮古市立宮古小学校」http://www.pref.iwate.jp/dbps_data/_material_/_files/000/000/003/261/10_miyako_el.pdf（2018年8月27日閲覧）。

表10-2　宮古市立宮古小学校の東日本大震災時避難所係分担表

係　名	仕事内容	係　名	仕事内容
物資運搬	物資の保管場所への運搬	まかない	食事の分配・調理
物資分配	生活用品の平等分配		食器洗い・片付け
清　掃	清掃の指示・呼びかけ	避難者名簿作成	避難者名簿の作成

出所：宮古小学校提供資料より筆者作成。

強いものと言えます。また，地域の人々との連携も重要になりますし，何よりも児童生徒自身が自分の身に起こり得ることとして主体的に考えることが必要です。これらの点を踏まえれば，防災教育は新しい学習指導要領の柱の一つにも位置づけられる内容と言えます。

　もちろん授業場面のみならず，校内で防災教育の充実に向けた教職員研修の実施や学校ごとの防災マニュアルの作成，自治体が作成している「ハザードマップ」を学区の状況を踏まえて各校で批判的に検討することも重要となります。

4　避難所運営

　最後に，学校安全の観点から避難所運営について簡単に述べておきます。

　大規模災害発生時，教職員の第一義的な役割は，児童生徒の安全確保と安否確認，学校教育活動の早期正常化に向けた取り組みであるとされますが[14]，学校が避難所となった場合には，施設設備の把握状況等から教職員が半ば必然的にその運営を担うことになる場面が生じます。一方で，学校避難所の運営は教職員がすべてを担うべき事項ではありませんし，大規模災害発生時には教職員もまた被災者の一人です。避難者の避難所運営への協力が求められると言えます。この点に関わって，岩手県宮古市立宮古小学校では東日本大震災発生時，避難者で表10-2に示すような役割分担をして避難所運営がなされました[15]。

---

[14] 文部科学省初等中等教育局長通知「大規模災害時の学校における避難所運営の協力に関する留意事項について（通知）」（平成29年1月20日）。

[15] 国立教育政策研究所（監）『震災からの教育復興──岩手県宮古市の記録』悠光堂，2012年，には，相模貞一校長（当時）による2011～12年の宮古小学校の避難所運営も含めた日々の学校運営の記録が掲載されている。

第 10 章　学校安全

　このように，災害発生時の避難所運営においても，学校と地域との連携・協働が重要になってくると言えます。

 まとめ

　本章で見てきたように，学校生活には至るところに「危険」が隠れています。それは日常生活においても然り，地震や津波，水害などの自然災害発生時においてもまた然りです。しかし，朝，元気に登校してきた児童生徒が一日を安心・安全に過ごし，夕方元気に帰宅することは「当たり前のこと」として学校に期待されています。さらに，多くの学校が地域の避難所としての指定を受けているなど，特に自然災害発生時には地域の「安全の拠点」となることも学校には求められています。事故や災害が発生してから対策を考え始めることのないように，できる備えは極力事前に行っておき，「備えあれば憂いなし」を学校として体現していくことが重要になります。また，過去の被災の経験を教訓として後世に伝えていくための舞台となることも学校が担う大事な使命の一つです。これらは教職員のみで担えるものではなく，地域住民や保護者の協力とそのための体制が必要になります。そうした体制づくりが教育行政には求められてきます。

 さらに学びたい人のために

○渡邉正樹（編）『学校安全と危機管理（改訂版）』大修館書店，2013年。
　　子どもの日常を取り巻く様々な危険，学校における安全管理・安全教育，学校安全のための教職員の役割などが具体例を交えながら詳細に記述されています。安全確保のための学校の具体的な対策・対応を細かに学ぶことができます。

○立田慶裕（編）『教師のための防災教育ハンドブック（増補改訂版）』学文社，2013年。
　　日本における防災教育の必要性や，学校段階に応じた防災教育の具体例がまとめられた書籍です。防災教育の要点をコンパクトかつ丁寧に把握できます。

○片田敏孝『人が死なない防災』集英社，2012年。
　　「奇跡」と称された岩手県釜石市の事例を中心に，自分の生命を自分で守れる子どもを育むための防災教育の在り方や，大人も含めたすべての人の日常生活のなかでの災害への備え方・向き合い方を学ぶことができます。

第11章

地方教育政治
──教育と政治の関わりについて考える──

・・・・ 学びのポイント ・・・・

- 教育行政において，自治体の首長や議会が有している権限や，果たしている役割について学ぶ。
- 2000年代以降に首長や議会の存在感が大きくなっている背景を理解する。
- 教育政策において，民主性と専門性は対立することがあるが，それはなぜ生じるのか，その理由を理解する。
- 教育政策における民主性，すなわち「民意」を反映するしくみや，「民意」についての考え方を知る。
- 学校教育と政治との関係について，異なる考え方が存在することや教育の政治からの中立性について学ぶ。

WORK　地方教育政治の実態を調べよう

以下の3つの問いのなかから一つ選んでやってみましょう。
その際，次の手順で進めましょう。
　①まずは個人で考えをまとめてみましょう。
　②グループに分かれて意見を出し合ってまとめましょう。
　③グループごとに発表してみましょう。

① 地方自治体をどこか一つ選び，直近の首長選挙で教育政策についてどのような公約が掲げられているのか，調べてみましょう。また，当選した候補と落選した候補で，教育政策に関する公約がどのように異なっているのかも考えてみましょう。
　調べ方：「首長選挙　公約」「首長選挙　マニフェスト」などでウェブサイトを検索（地方自治体によっては，ウェブサイトに選挙の公約などを記した「選挙公報」を掲載していることがあります）。

② 地方自治体をどこか一つ選んで，総合教育会議での議事録を調べ，その自治体ではどのようなことが議題になっているか，またそうした議論が政策に反映されているのか，反映されていればどのような政策が行われているのかを調べてみましょう。
　調べ方：ウェブサイトで「総合教育会議　〇〇市」などと検索。

③ 自分自身が高校の公民科などにおいて，どのような政治教育や主権者教育を受けてきたか思い出して書き出してみましょう。また，今後の望ましい在り方について，学生（教職課程の受講者）同士で議論してみましょう。

第11章 地方教育政治

● 導 入 ● ● ● ● ● ● ●
　本章では地方における教育と政治との関係について取り上げます。2015年に施行された教育委員会制度改革によって，自治体の教育行政の基本的な方針は自治体の首長（知事・市町村長）が定めることになりました。これ以前からも，2000年代はじめ頃から少人数学級編制や学力向上，いじめ防止対策などで，首長主導の教育改革が目立つようになってきています。また学校も，政治による影響を直接，または間接的に受けていると言えるでしょう。
　本章では，自治体の政治を日常的に担っている首長と議会は教育行政に対してどのような権限を有しているのか，首長の選挙では教育政策はどのような位置を占めているのか，学校や教員は政治にどう向き合うべきなのか，といった問題について考えていきます。
　　　　　　　　　　　　　　　　　　● ● ● ● ● ● ● ●

【担当部門】
　都道府県・市町村（首長部局，子ども関連部局，総合教育会議の担当部署，議会）
【重要法令】
　教育基本法，地方教育行政の組織及び運営に関する法律，地方自治法，大阪府（市）教育行政基本条例
【重要答申類】
　中央教育審議会「今後の地方教育行政の在り方について（答申）」（平成25年12月13日）
　文部科学省初等中等教育局長「高等学校等における政治的教養の教育と高等学校等の生徒による政治的活動等について（通知）」（平成27年10月29日）

1　なぜ地方教育政治を学ぶのか

　教職課程の教科書で，「政治」が章のタイトルに入ることは，社会科教育法や公民科教育法などを除いては珍しいと思います。社会科や公民科の教員志望者は別として，そもそもこうしたトピックについてこれまであまり考えたことがない人が多いかもしれません。教職課程を履修する学生のみなさんが，なぜ地方教育政治について学ぶ必要があるのでしょうか。その意義はどこにあるの

でしょうか。本章の最初に、この問いに対する筆者自身の見解を示しておきます。

　筆者の回答を簡単に言ってしまえば、教職課程で教育と政治との関連について学ぶ必要があるのは、これからの教員は、教育現場で政治を避けるのではなく、むしろ政治にどう向き合うのかが問われると考えるからです。これまでの学校教育では教育現場に生の政治を直接もち込まない、政治になるべく触れないという意味での政治的中立性を保つことが重視されてきました。それは後で述べるように、第二次世界大戦後に、教育の世界だけでなく日本の社会全体において政治的対立があったという歴史的な経緯があったことが指摘できます。ただ、現実には教育政策や教育行政では、特に1990年代以降、政治はきわめて重要な役割を果たしています。自治体で行われる学校教育や社会教育において政治がどのような役割を果たしているのかを知ることは、教育行政や教育政策について理解を深める上で不可欠になっています。また、民主主義社会における学校は将来の主権者を育てる場所ですが、学校で政治について考えることを避けるというのは、将来の市民として必要な資質・能力を十分に育てるという学校の社会的役割を放棄しているという見方もあり得ます。

　本章では、以上のような考え方に基づいて、まず、地方政治に携わる人々のうち、とりわけ選挙で選ばれる首長（知事・市町村長のことをまとめて「首長（しゅちょう）」と言います）[*1]や地方議員が、教育政策や教育行政にどのように関わっているのかを見ていきます。より具体的には、自治体において直接選挙で選ばれている首長と議会が、それぞれ教育政策・行政にどのような権限を有しているか、実際にどのような役割を果たしているか、その概要を説明します。また、特に重要な首長の選挙において、教育政策は公約にどのように書かれているかも述べます。

　その後、教育と政治の関係をどう見るかについて議論します。一つは、「民意」や「民主性」という言葉をキーワードに考察を加えます。教育における「民意」はどのように政策に反映させればよいのでしょうか。もう一つは、よ

＊1　「くびちょう」と発音されることもある。

り広く教育（特に学校教育）と政治との関係はどうあるべきなのか，学校教育は政治にどう向き合うのかについて考えます。

本章を通じて，自治体での政治は教育にどう関わっているのか，政治と教育の関係をどう考えるのか，またこうした問いを考えることにどのような意義があるのかについて，意識を向けるきっかけにしてもらえればと思います。

2 教育行政における首長と議会の役割

1 首長の権限と役割

自治体の教育行政は首長から一定程度独立した教育委員会（以下，教委）が主に担っていますが，首長も教育行政に関して多くの権限を有しています。

重要な権限としては，次の3点があげられます。

①自治体の教育における基本的方針を定めた大綱は首長が策定します。2014年の地方教育行政法の改正でこの規定が設けられました。大綱を策定する際には，首長と教委で構成される総合教育会議で協議・調整を行うことになっていますが，最終的には首長の判断で大綱を決定します。一方で，多くの自治体では教育振興基本計画（以下，振興計画）と呼ばれる中長期の教育計画が策定されており，これは主に教委が作成しています。

大綱と振興計画は役割が重複していますが，この扱いは自治体によって異なります。振興計画とは別に首長の方針を大綱として明確に示す場合もあれば，振興計画の一部を大綱として読み替える場合もあります。なお自治体は教育に限らず自治体全体での中長期計画も策定しています（名称は自治体によって異なります）。自治体によっては振興計画が自治体の中長期計画の一部になっていることもあります。

②大綱の策定と並んで重要なのは予算の編成です。第二次世界大戦直後の公選制教育委員会制度では教育委員会法で教委が教育予算の原案を作成する権限を有していましたが，任命制教育委員会制度になった1956年以降は，教育予算を含めた自治体の予算編成は首長の権限となっています。市町村では学校施設

の整備や社会教育，都道府県・政令市では教職員の給与などで多額の予算が必要ですし，それ以外の教育政策でも予算措置が不可欠ですので，その編成を行う首長の役割はきわめて重要です。

　③首長は教育長や教育委員を任命しており，その人事も大きな影響を与えます。首長は教育行政に関して一定の権限を有していますが，教委は教科書採択や教員の人事など特に学校教育行政に関して主要な役割を担っています。教委の代表者である教育長と，教育長と合わせて政策決定を行う複数名の教育委員に誰を任命するかは，自治体の教育行政にとって首長と同等，あるいはそれ以上の影響を与えます。

　以上に述べた通り，①大綱の策定，②予算の編成，③教育長・教育委員の人事，の3つは首長にとって重要な教育行政に関する権限と言えます。またこのほかには，大学，私立学校も教委ではなく首長の権限になっています。これは戦後の教育改革の際に，大学の自治や私立学校の自主性を考慮して，公立小・中・高校の管理が中心の教委ではなく，首長が所管することになったという経緯があります。必ずしも首長が積極的に関与することが想定されていたわけではないのですが，結果的に，公立大学では首長の意向が大きな影響を与えることがあります。例えば，東京都では当時の石原慎太郎知事の意向で学部を大幅に改組するとともに，名称も東京都立大学から首都大学東京に変更しましたが，その後，執筆時点（2018年）の現職である小池百合子知事は名称を元の都立大学に戻していきます。また，大阪では大阪府立大学と大阪市立大学の統合が知事・市長の与党である維新の会による政治主導で進められています。

　なお，教委の所管とされている文化・スポーツ（学校体育を除く）については，議会が条例を制定することで首長が所管してもよいことになっています。実際に，都道府県では4割ほどがすでに文化・スポーツを首長の所管としています。文化財保護や公立社会教育施設の管理についても同様に，条例により首長が所管できるようにすることが検討（文化財保護については，2019年度から施行）されています。

＊2　教育委員の任命制について，本書第12章参照。

表11-1 首長と教育委員会の職務分担

教育委員会	○学校教育に関すること ・公立学校の設置，管理 ・教職員の人事・研修 ・教科書採択 ・校舎等の施設の整備　など	○社会教育に関すること ・講座，集会の開設等社会教育事業の実施 ・公民館，図書館，博物館等の設置，管理 ○学校における体育に関すること
原則教育委員会が管理・執行するが，条例を制定すれば首長に移管できる事務	○文化に関すること ・文化事業の実施 ・文化施設の設置管理 ○文化財の保護に関すること	○スポーツに関すること ・スポーツ事業の実施 ・スポーツ施設の設置管理
知　事 市町村長	○大綱の策定 ○大学に関すること ○私立学校に関すること ○教育財産の取得・処分 ○契約の締結 ○予算の執行	

出所：文部科学省初等中等教育局「地方教育行政の現状等に関する資料（平成25年5月）」2013年，p. 9，を一部改変。

　そのほかにも，通常は幼稚園は教委，保育所は首長が所管しますが，地方自治法で定められている委任や補助執行と呼ばれる手段を用いて，首長が両方を実質的に所管する場合もあります。逆に，自治体によっては幼稚園だけでなく保育所も教委が所管することがあります。[*3]

　以上に述べた首長と教委の教育行政権限についてまとめたのが表11-1です。首長は大綱や予算，教育長・教育委員の人事など，自治体の教育行政における重要な権限を有しています。教育行政は教委のみが所管しているわけでなく，むしろ首長と教委が二元的に管理していると理解した方がよいと考えられます。

2　選挙における教育政策と公約

　首長は，予算編成や大綱の策定など教育行政の重要な権限を有していますが，

---

*3　幼稚園・保育所等の所管については，本書第2章参照。

では、教育政策はどの程度、選挙において争点になっているのでしょうか。また、どのような場合において選挙の争点になるのでしょうか。

橋野（2015）は、2000年以降の都道府県知事選挙の公約を『朝日新聞』等の新聞記事を用いて抽出し、財政支出を伴う教育政策（少人数学級の実現・推進、給食費の無償化、高校の統廃合中止・見直し、学校施設の耐震化、児童生徒の医療費窓口無料化、待機児童解消（保育所の増設等）の6つの政策）がそれぞれどの程度公約に掲げられているかを調査しています[4]。

延べ候補者569名のうち、少人数学級の実現・推進は191名と約3分の1の候補者が公約として掲げており、以下、児童生徒の医療費窓口無料化が126名、待機児童解消が65名などとなっています。つまり、569名のうち実に382名が教育政策に関する公約を掲げていたのです。

1990年代頃までは、保守対革新のイデオロギー対立が強かったことなどから、教育政策は首長や議会などの地方政治があまり関与しない、あるいは関与すべきでない政策領域とされてきましたが、2000年代以降は、この研究でも見られるように、多くの候補者が教育政策を公約に掲げています。他方で、当選した候補は財政支出を伴う教育政策を公約に掲げる割合が低いことは否めません[5]。ただし、少人数学級は接戦の選挙でも少なくない割合で争点になっています[6]。上記の研究では財政支出をかならずしも伴わない政策（学力向上やいじめ対策）などは分析の対象になっていませんが、総合教育会議では学力向上やいじめ対策などが議題として多く扱われており、そうした政策も含めると、教育政策は選挙の公約として多く取り上げられ、また実質的な争点になっていることもあると言えます。

---

* 4 　橋野晶寛「地方教育政策の政治化と民主的統制」『北海道教育大学紀要　教育科学編』65(2)、2015年、pp. 1-15。
* 5 　例えば、同調査によると、少人数学級の実現・推進を公約に掲げている候補者のうち、当選した候補は23.4％なのに対して、落選者は38.1％と、選挙に弱い候補者の方が公約に掲げる傾向があり、当選する候補者の方が公約にあげない傾向がある。
* 6 　同調査によると、176の選挙のうち、次点で落選した候補者が当選した候補者の9割以上の票を獲得した（つまり惜敗率90％以上の）選挙は19あり、そのうち6つは当選者、次点の両方の候補者が少人数学級の実現・推進を公約に掲げている。つまり、接戦の選挙のうち3分の1は少人数学級が争点になっていたことが読み取れる。

3 議会の権限と役割

　首長や教育委員会は自治体の行政を担う組織であり、地方自治法では「執行機関」として位置づけられています。それに対して議会は「議事機関」であり、予算や条例（国でいう法律にあたるもの）など、自治体における重要な意思決定を行うと同時に、首長や教委などの行政機関を監視またはチェックする役割を果たしています。教育行政に対する議会の役割をより具体的にあげれば、予算や条例の決定、教育長や教育委員の人事案への同意、教委からの報告を受ける、といったことがあります。

　予算は首長が年度ごとの予算案を編製して、議会で決定を行うことになっています。教育予算も他の分野の予算と決定過程は大きく変わりません。条例は首長、議員が議会に提出できることになっています（教委には条例提出権はありません）。最近の教育関連の条例では、教育における政治主導を明確化した大阪府・大阪市の教育基本条例[*7]は、政治による教育への関与の在り方を問うものとして議論を呼びました。

　議会の役割として重要なのが、教育長・教育委員の人事案への同意です。教育長・教育委員に関しては、首長が人事案を議会に提出して議員の過半数の同意を得る必要があります。数は少ないですが、教育長の同意が得られず空席になることもあります。2015年度からの新しい教育委員会制度では教育長が教委の代表者になったこともあり、従来に比べて同意に際して慎重な手続きを行うようになっています。特に都道府県・政令市では、制度改革前の2012年は採決のみが8割を占めていましたが、改革後の2017年には採決のみは3分の1程度に減少し、代わって4割近くは、首長や教育長候補者が議会で事前に質疑や所信表明を行うようになっています。

[*7] 大阪府・大阪市で、それぞれ2012年4月と5月に施行された教育行政における首長主導を定めた条例。当時、首長は大綱策定の権限を有していなかったが、首長（市長・知事）が教育委員会と協議して教育振興基本計画の案を策定し、議会の議決を経て基本計画を定めることとした。また、協議が整わなかった場合は教育委員会の意見を付して首長が議会に案を提出するものとした。その他にも教育行政の点検・評価の結果に基づいて首長が教育委員の罷免事由にあたるかを判断できるなど、教育行政の首長主導を強化する内容であったため、制定時には様々な論議を呼んだ。

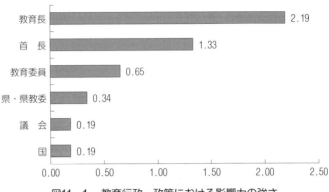

図11-1 教育行政・政策における影響力の強さ

注：表中の影響力の強さは1位を3点，2位を2点，1位を1点として，有効回答数（1,002名）で割った値を示している。全員1位であれば3点，1位と2位が半分ずつであれば2.5点，といった数値になる。
出所：筆者が2017年度に実施した市区町村長調査の結果をもとに作成。

そのほかに，教委が毎年度実施する自己点検・評価は議会に報告することが義務づけられるなど，議会には首長や教委をチェックする機能が期待されています。ただし，そうした機能を議会が十分に果たしているかは議論があり，その役割や存在意義を疑問視する声もあります。

4 誰が自治体の教育政策を決めているのか

ここまでは教育行政における首長や議会の権限や役割を，主に法制度の側面に着目して述べてきました。では，実態として首長や議会，あるいは教委は自治体の教育行政においてどの程度の影響力をもっているのでしょうか。

1990年代までは，自治体の教育行政では国（文部省，現：文部科学省）の影響力が強いとされてきました。現在でもそのような見方は依然としてありますが，筆者が2004年，2013年，2017年の三度にわたり首長・教育長に対して行った質問紙調査では，いずれも自治体の教育行政において最も影響力をもっていると認識されているのは教育長，次いで首長であり，国の影響力はそれほど大きくありませんでした（図11-1）。なお議会は教育長，首長に比べて数値は小さいですが，特に大規模自治体では教育長，首長に次ぐ影響力を有しています。他

の行政分野と比べると教育長の影響力が大きいことが特徴的ではありますが，この調査からも，教育行政における首長と議会の権限や役割について理解しておくことが重要であることが示唆されます。

2004年以前はこうした調査が行われていませんが，2000年代以降，教育行政における首長や議会の存在感は増しているように思います。それ以前も，高校に関する政策など一部の教育政策では首長や議会の影響力が大きいことが指摘されてきましたが[*8]，2000年代以降は少人数学級編制[*9]や学校選択制の普及など，義務教育でも首長主導の教育政策が一部で見られるようになってきました。最近の研究では，この背景として次の2点があげられています。

第一に，1990年代末に行われた地方分権改革によって法制度が変わったことです。地方分権化を進めるために1999年に地方分権一括法[*10]が制定されましたが，その際に教育分野でもいくつかの改革が行われました。特に学級編制はそれまでは国に大きな裁量があり，自治体が独自に少人数学級編制を行うことができませんでしたが，分権改革によって自治体の判断でそれを行うことが可能になりました。このように，地方分権改革によって自治体の裁量が増し，財政支出を伴う独自の教育政策が可能になったため，予算について大きな権限をもつ首長や議会の影響力が強まったとの見方です[*11]。

第二に，そうした制度改革とは別に，地方の政治をとりまく環境が1990年代以降大きく変わったことを重視する見解もあります[*12]。1990年代までは，政治家は教育に極力関与すべきでないとの考え方が広く受け入れられており，首長や議員などの地方政治家が目に見えるかたちで教育政策に関与すること自体が，政治的にリスクを伴うことでした。また，自民党の一党優位が続いた国レベル

[*8] スティーブン・R. リード，森田朗ほか（訳）『日本の政府間関係——都道府県の政策決定』木鐸社，1990年，および伊藤正次『公立高等学校入学者選抜政策の比較分析』東京大学都市行政研究会，1998年。
[*9] 青木栄一『地方分権と教育行政——少人数学級編制の政策過程』勁草書房，2013年。
[*10] **地方分権一括法**：正式名称は「地方分権の推進を図るための関係法律の整備等に関する法律」と言う。国の自治体への関与を減らし，国と自治体を対等・平等な関係に近づけることを目的に制定された。
[*11] 前掲＊9。
[*12] 村上祐介『教育行政の政治学——教育委員会制度の改革と実態に関する実証的研究』木鐸社，2011年。

と異なり，自治体レベルでは保守政党（自民党）が支持する首長が革新政党（社会党，共産党）が支持する候補者に選挙で敗れることがあるなど，国レベルとは異なり，政権交代があり得る状況でした。こうしたなかで教育政策に首長が深入りすると，後に政権交代が起こった際に次の首長に教育政策を大きく変えられる危険がありました。そのため，政治家が教育行政への関与を控えることには一定の政治的利益がありました。しかし2000年代以降は，保守と革新といった対立は薄くなり，また少人数学級や学力問題などむしろ教育政策への関与を積極的にアピールした方が票に結びつくようになりました。首長にとって，教育政策に関わることに政治的な利益を見出せるようになったと言えます。

議会は一般市民からは普段見えづらい存在であり，その活性化が必要であると指摘されることがあります。ただ政治学や地方自治研究では，議会は首長に次ぐ影響力を有していることが明らかになっています。一般的には，政策を自ら策定するというよりは，首長が提案した政策や予算に対するチェック機能という意味での影響力と考えられています。教育行政の場合は，教育長や教育委員の任命に際して，首長が提案した人事案を議会の過半数が同意する必要があります。この際に，議会が不同意の決定を行うことで，首長の案に対してストップをかけることが知られています。

2015年度からの新しい教委制度は，こうした首長・議会の関与の増大を法制度的に追認した側面があります。加えて，筆者らによる首長・教育長への調査では，新制度が始まってから教育行政における首長の影響力が強まったとの回答が半数以上を占めており，実態としても地方政治の役割がさらに重要になっていると考えられます[13]。2000年代以降はそれ以前に比べて教育行政における首長・議会の影響力が強くなり，特に首長については新しい教委制度のもとでさらにその力は強くなっていると言えるでしょう。

---

*13 村上祐介・本田哲也・小川正人「新教育委員会制度とその運用実態に関する首長・教育長の意識と評価——2017年全国市区町村調査の結果から」『東京大学大学院教育学研究科紀要』58，2019年（印刷中）。

3 教育と政治の関係をめぐる論点

1 教育政策における「民意」をどう見るか

　ここからは首長や議会などの具体的な対象からはやや離れて，もう少し抽象的なレベルで，教育と政治との関係を考えてみましょう。

　教育に限らず，制度や政策を設計する際には，民主性と専門性をそれぞれどの程度重視するか考える必要があります。民主性を重視することは，住民やそれを代表する政治家の意思決定に重きを置くことです。最近では「民意」という言葉を用いて民主性を重視すべきと語られることがあります。

　政策決定において民主性を重視することは，民主主義国家にとっては当たり前のように思えますが，実はそう単純な話ではありません。教育政策の例で言えば，住民や政治家が支持しているからといって，科学的に誤った事実を子どもたちに教えたり，時の政権に都合の良いことだけ学校で取り上げるのは弊害が大きく，未来の社会に悪影響をもたらす危険があります。アメリカでは，特定の宗教を支持する人々がごく一部の教育委員会で多数派を形成し（アメリカの教委の多くは公選制です），その宗教が批判する進化論を教える際に，進化論が学説に過ぎず事実ではない旨の注釈などを付けることを義務づけ，その後裁判で違憲とされた例があります[*14]。質の高い政策を行うには，専門性に基づく知見を政策決定に活かすことや，場合によって専門家が政策判断を行うこともまた重要です。

　とはいえ，専門家に政策をすべて委ねると自らの利益を優先し，住民のニーズに反した独善的な政策が行われる可能性があることは否めません。いじめによる自殺や教員の体罰などの不祥事が起こった際に，教育委員会事務局が適切な調査を怠った事例が時折報道されますが，そうした事件はその一例と言えます。そうした危険を回避する意味でも，「民意」を反映した教育政策は不可欠

---

*14　関芽（2004）「公立学校における進化論の教授に関する一考察——ジョージア州コブ郡の事例を対象として」『日本教育行政学会年報』30，2004年，pp. 119-131。

です。

　ここで問題になるのは，教育における「民意」とは何か，それは他の分野と同じなのか異なるのか，異なるとすればそれはなぜそうする必要があり，そしてどのように異なるべきなのか，という点にあります。近年では，選挙の結果が「民意」であるとして，教育政策も政治家の意向に沿って行うべきとの意見も見られます。前大阪市長の橋下徹氏の発言や，彼が率いていた維新の会はこうした主張を体現している政党と言えます。

　一方で，選挙で当選した政治家が教育をすべて決めてよいのか，という見解もあります。民主主義政治は政党間の競争が前提であり，競争が公正に行われるためには，学校が児童生徒に対して特定の党派に利する教育を行わないことが求められます。*15 しかし，選挙で勝った側が教育に関するすべてを決められるしくみのもとで，そのことが保障されるのかは疑問です。別の言い方をすれば，わずかな差で選挙に勝利した側が，将来世代に大きな影響を与える教育政策の決定をすべて独占してよいのか，すなわち教育は「勝者総取り」がふさわしいのか，といった批判もあります。

　日本の教委制度は，民主性と専門性のバランスを取りつつ，民主性すなわち「民意」を優位にした制度になっています。ただし，「民意」を体現するのは選挙で当選した首長自身ではなく，首長が任命した教育長と複数名の教育委員です。また，教育長と教育委員は任期が設定されており，首長が交代しても任期中はよほどのことがない限り罷免（辞めさせられること）されることはありません。一時的にせよ，前の首長が任命した教育長や教育委員が在職しているという状況も生じます。つまり，選挙に勝った政治家個人が教育行政の決定権をもつわけではないが，政治家が任命した教育長と複数の一般市民からなる教育委員が合議で政策決定を行うしくみを採っています。先ほどの問い，すなわち「教育における『民意』とは何か」に答えるならば，政治的中立性・安定性・継続性を確保するため，他の分野とは異なり，首長から一定程度独立した教育委員会が決定権を有するというしくみになっていると言えます。

＊15　市川昭午「教育の政治的中立について」『教育と文化』67，2012年。

もっとも，この問いに関しては「正解」があるわけではありません。選挙に勝った政治家個人（例えば首長）が教育内容や教員人事も含めてすべてを決めるべきとの考え方もあれば，教育に政治が介入すること自体が問題であり，教育内容の決定はむしろ専門職である教師に全面的に委ねるべきだ，という考え方（「教師の教育権」）まで，非常に幅があります。教育法学という分野では国における教育内容の決定の在り方をめぐって，議会（国会）がそれを決定すべきと考える「国家の教育権」と，政治の関与を排して教師の専門性に委ねるべきであるとする「国民の教育権」のどちらを実現すべきか，という議論が1960〜80年代にかけて盛んでした。この論争は，教育における「民意」をどう考えるかという問題を扱っていたと言えるでしょう。

2 教育は政治とどう向き合うか

本章の最後に，自治体だけでなく，学校における教育と政治の関係についても考えてみます。第二次世界大戦後の日本では，戦後直後の一時期を除き，特に1950年代半ば以降は，学校では政治的中立性を確保することが重視されてきました。また，教育学では，教育は政治・経済から自律的であるべきと主張され，教育の世界と政治・経済の世界をなるべく切り離すのがよいと考えられてきました。

そのことは学校を政党政治の影響から一定程度守ることにもつながったかもしれませんが，一方で本章の冒頭に述べたように，学校で政治に触れたり政治的な論争について考えたりすることを，教育行政や教員の側が避けるようにもなりました。大学や高校で学生・生徒の政治的活動が盛んになった1969年に，高校生の政治的活動を学内外を問わず禁止する文部省通達が出されたことは，その具体例と言えます。教育基本法第14条第1項で「良識ある公民として必要

＊16 文部省初等中等教育局長通達「高等学校における政治的教養と政治的活動について」（昭和44年10月31日）のこと。2016年以降，選挙権年齢等が18歳以上に引き下げられることに対応し，2015年に新たな通知（文部科学省初等中等教育局長通知「高等学校等における政治的教養の教育と高等学校等の生徒による政治的活動等について（通知）」（平成27年10月29日））が発出された。これに伴い，1969年の通達は廃止された。

な政治的教養は，教育上尊重されなければならない」として政治教育それ自体は奨励されているのですが，現実には第14条第2項「法律に定める学校は，特定の政党を支持し，又はこれに反対するための政治教育その他政治的活動をしてはならない」という党派的教育の禁止が強調され，第14条第1項の趣旨は教育現場では活かされませんでした。

ただ，2015年の公職選挙法の改正により，選挙権がそれまでの20歳以上から18歳以上に引き下げられたことで，学校教育における主権者教育の在り方が見直されました。高校3年生で有権者になる以上，学校での政治教育が避けて通れなくなったわけです。

これまで述べてきたように，教育と政治との関係は難しい問題ですが，同時に首長や議会，あるいは国レベルの動向を見ても，教育における政治の役割は重要になっていることは明らかです。教育への政治関与は一切あってはならない，という考え方はもちろんあり得ます。しかしたとえそうであったとしても，教員として，あるいは職場を離れた時には一市民として[*17]，政治にどう向き合うかが問われる時代になったと言えます。もちろん社会科や公民科の教員だけでなく，すべての教科の教員に関してこのことは当てはまります。「教育の脱政治化から再政治化へ」[*18]という流れが有力になりつつあるなかで，将来の社会を構成する主権者たる市民を育成するという学校の役割をどう考えるかは，個々の教員，また教員以外の一般市民にも問われています。

こうした状況のなかで，これまで強調されてきた「教育の政治的中立性」という概念も捉え直すことが求められています。従来の「政治的中立性」は，教育はできるだけ政治に触れない，関与しない，政治教育も価値判断が入ることについては言及しない，といった消極的な意味での中立性が現場で共有されてきたように思います。一方で中立性は，積極的な意味でも考えられます。積極的な中立性とは，不偏不党を保ちながらも，学校で政治的なテーマについて，多様な見解をバランスよく取り上げることを指します。時には政治を身近に感

---

*17　ただし現在は，教育公務員特例法で公立学校の教員は勤務する都道府県等の内外を問わず政治活動が制限されている。
*18　小玉重夫『教育政治学を拓く――18歳選挙権の時代を見すえて』勁草書房，2016年。

じてもらうため，学校に直接政治家を招いて話をしてもらうこともあり得るでしょう。こうした積極的な意味での政治的中立性の在り方も，今後の教育と政治の関係において考えていくべきかもしれません。

この問題についてもさきほどの「民意とは何か」という問いと同様に，やはり「正解」はありません。政治的中立性は保ちつつ，積極的に政治を学校で取り上げるべきであるという本章の立場はあくまで一つの考え方にすぎません。学校はやはり生身の政治から切り離されるべきとの主張もあれば，理念としては積極的中立性はあり得るが，現実には難しいのではないかなど，様々な見方があり得ます。そうした多様な立場や考え方があることを認識すること自体が，教育政治を学ぶことの重要な意義であると言えます。

 まとめ

　本章では自治体において政治が教育にいかに関わるのかを取り上げました。首長や議会は教育行政に対して一定の権限をもっており，特に首長の権限は大きく，選挙の公約でも教育政策は多く掲げられています。自治体の教育行政は，首長と教委の二元的な体制で運営されていると言えます。

　一方で，教育における民主性，すなわち「民意」をどの程度重視すべきかは実は難しい問題です。「民意」とは選挙の結果だけか，何をもって「民意」とすべきかという問題があります。また，民主性と専門性のバランスや，相互の役割といった点も考えるべき課題です。

　学校では，政治に極力関わらない消極的な意味の政治的中立性が強く意識されてきましたが，18歳選挙権の引き下げに伴い，学校での政治教育が重要な課題になっています。不偏不党を保ちつつ，積極的に政治教育を行うことが求められるようになってきていますが，学校での政治教育はどうあるべきかは，それ自体が論争的な課題であると言えます。

 さらに学びたい人のために

○村上祐介『教育行政の政治学――教育委員会制度の改革と実態に関する実証的研究』木鐸社，2011年。
　　本書では，教育委員会制度がなぜ現在まで存続してきたかという問いを，事

例分析や質問紙調査など多様な方法を用いて明らかにしています。従来言われてきた文部科学省の意図だけでなく，首長や議会など地方政治にとっても教委制度の存在は政治的な利益が大きかったこと，また近年はその政治的利益が変化したことが教委制度見直しの要因として重要であることなどが述べられています。

○日本教育行政学会研究推進委員会（編）『地方政治と教育行財政改革――転換期の変容をどう見るか』福村出版，2012年。

　近年の教育行財政改革はなぜ，どのように起こったのか，その改革によって何が変わったのか，また教育行財政の実態をどう理解すべきかについて，教育行政学者と行政学者が検討したものです。そのなかでも地方政治の変動は重要な要因としてあげられています。同じ編者からは『首長主導改革と教育委員会制度――現代日本における教育と政治』（福村出版，2014年）も出版されており，この2冊は地方教育政治を深く理解する上で必読と言えるでしょう。

○小玉重夫『教育政治学を拓く――18歳選挙権の時代を見すえて』勁草書房，2016年。

　主権者教育や政治教育に関して，教育思想・哲学の立場から検討を行い，脱政治化していた1950年代以降の学校教育が「再政治化」することが必要であるとの主張を展開しています。本書は教育思想や哲学に詳しくない読者にはやや難しい面もありますが，主権者教育や政治教育は単に18歳選挙権の引き下げによって生じたものではなく，日本の学校教育の歴史的な経緯や，教育学あるいは政治学的な背景の理解が求められることがわかります。

第 12 章

地方教育行政
──教育施策はどのように決められているか──

● ● ● 学びのポイント ● ● ●

- 地方教育行政の4つの理念について説明できる。
- 地方教育行政のしくみについて,図を書いて説明できる。
- 各自治体で教育施策がどのように決められ,実施されているかを説明できる。

WORK　地方教育行政の主体と教育課題

1. あなたの地域の教育委員会について調べてみましょう
   ① あなたの住んでいる地域（都道府県・市区町村）の教育委員会では，教育委員は，どのような職業，経歴をもっていますか。各教育委員会のウェブサイトや点検・評価の報告書から調べてみましょう。

   ② 教育委員会事務局には何人の職員，指導主事，社会教育主事がいますか。文部科学省の「教育行政調査」を用いて調べてみましょう。各都道府県や市区町村の教育委員会が刊行している『教育要覧』やウェブサイトに掲載しているところもあります。近隣自治体や全国的な傾向と比較してどのようなことがわかりますか。

2. あなたの地域の教育課題について調べてみましょう
   ① あなたの住んでいる地域の教育課題は何か予想してみましょう。少子高齢化による学校の統廃合や，学力向上，教員の多忙化問題，不登校問題など複数考えられるかもしれません。そのなかで，特に何が優先課題となっていると考えられますか。

   ② 各地方自治体がウェブサイトで公開している教育の大綱，総合教育会議・教育委員会の会議録，教育委員会の点検・評価の報告書を用いて，実際に何が教育課題となっているか，反対に教育課題となっていないものは何か，調べてみましょう。わかったことをクラスで議論しましょう。

   ③ あなたの住んでいる地域の教育課題を解決するためには，どのような方法が考えられますか。同様の教育課題を抱えている自治体があるかインターネットで検索してみましょう。複数の自治体の教育課題の解決方法を見つけることができたら，それぞれの解決方法にかかる費用や期待される効果を当該自治体の点検・評価の報告書から見つけられるか調べてみましょう。

第12章　地方教育行政

● 導　入 ● ● ● ● ● ●

　教育施策を決定し，実施しているのは，各自治体の教育委員会です。では，教育委員会とはどのような組織になっており，様々な教育施策をどのように実施しているのでしょうか。本章は，地方教育行政の理念としくみ，そして実態について検討していきます。2014年の地方教育行政法の改正によって，教育委員会制度は大きな変更が行われました。これら近年の動向も踏まえながら，各自治体の教育行政の実態を把握することで，教育現場の抱える問題についてより包括的な理解が可能になり，主体的に関わることができるようになります。

● ● ● ● ● ●

【担当部門】
　文部科学省初等中等教育局初等中等教育企画課，都道府県・市町村教育委員会
【重要法令】
　地方教育行政の組織及び運営に関する法律
【重要答申類】
　文部科学省初等中等教育局長通知「地方教育行政の組織及び運営に関する法律の一部を改正する法律について（通知）」（平成26年7月17日）

1　地方教育行政の理念としくみ

1　地方教育行政とは何か

　誰もが学校に通うなかで，1度は違和感を覚えたり，疑問に思ったりしたことがあるかもしれません。例えば，自由に学校を選べたらいいのにとか，なぜ生徒指導はこんなにも厳しいのだろうなどといったことです。学校生活には様々なルールが存在しています。では，もしあなたが首長（知事・市町村長）や教育長になったなら，学校をよりよくしていくために，どのような教育改革を行いたいと考えるでしょう。また，改革を行うためにどのような方法を取る必要があるでしょうか。本章ではそれを考えるため，まずは地方教育行政の理念としくみを理解していきましょう。

地方教育行政は，各自治体で教育が効果的に行われるように，教育条件を整備することを役割としています。具体的には，学校を設置し，そこに教職員を配置し，授業で使う教科書や指導方針を決めます。さらに，児童生徒が安心して学ぶことができるように，学校で問題行動を繰り返して他の児童生徒の妨げになるような児童生徒の出席停止を決めたり，教員の教え方を向上させるために，研修を実施したりします。図書館や公民館，博物館の管理やスポーツの振興も，地方教育行政の担当範囲です。

　この地方教育行政について，誰がどのように事務を担うかを定めているのが，「地方教育行政の組織及び運営に関する法律」（以下，地方教育行政法）です。この法律は，4つの理念で支えられています。すなわち，①地方自治の尊重，②教育の政治的中立と教育行政の安定，③指導行政の重視，④行政の調和と連係です[*1]。まず4つの理念を押さえることが，現行制度を理解するうえで重要になります。理念を押さえておけば，その理念を実現するための他のよりよい方法も見つかるかもしれません。

　第一の地方自治の尊重とは，住民に最も身近な存在である市町村が教育を行うべきであるということです。一見，当たり前に思われるかもしれませんが，第二次世界大戦以前には，国が教育を行うべきであると考えられてきました。これに対して戦後は，地方自治を尊重して，市町村が幼稚園や小学校，中学校を設置し管理しています。ただ，市町村単位では範囲が狭すぎたり，財政上の負担の大きいものは，都道府県が担当しています。具体的には，高等学校や特別支援学校の設置管理，小学校から高等学校そして特別支援学校の教職員人事などが都道府県の事務となっています。

　第二に，個人の価値形成を目指して行われる教育は，中立公正であるべきで，簡単に変えるべきものではないという教育の政治的中立と教育行政の安定です。この理念を支えているのが教育委員会制度です。首長の場合，単独で意思決定を行う独任制をとり[*2]，4年ごとに選挙が行われます。一方，教育委員会は，複数人で意思決定を行う合議制をとり，教育委員の政党所属の制限や，積極的な

＊1　木田宏（著），教育行政研究会（編著）『逐条解説 地方教育行政の組織及び運営に関する法律（第4次新訂版）』第一法規，2015年，pp. 37-50。

第12章　地方教育行政

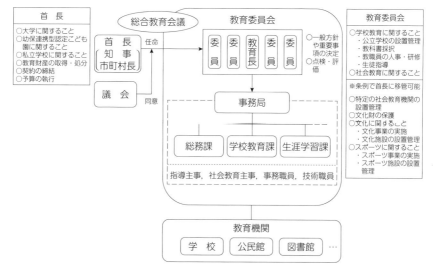

図12-1　地方教育行政のしくみ
出所：文部科学省『文部科学白書（平成26年度）』日経印刷，2015年，p.58より筆者作成。

政治活動の禁止が定められています。また任期は教育長が3年，教育委員は4年で，教育委員が一度に交代してその度に教育が大きく変わることのないよう，毎年1人ずつ改任することとなっています。つまり，首長が交代した場合，首長の意向に沿った教育委員を任命するには，毎年1人ずつ改任していく必要があるのです。

　第三の指導行政の重視とは，戦前に行われていた強権的な監督行政の反省をもとに，戦後の教育行政は，各学校や教職員の主体性を尊重して，法的拘束力を伴わない指導，助言，援助を中心とすべきという理念です。これを実現するため，教育委員会事務局には，学校教育について専門的な指導を行う職員として指導主事を，社会教育については社会教育主事を設置するよう定めています。

　第四に，行政の調和と連係については，教育を専門とする教育委員会が，他の行政機関と連携をとることを求めるものです。具体的には，図12-1にある

＊2　首長や各省大臣など行政機関の長が1人で意思決定を行うものは，独任制と呼ばれる。一方，複数人が合議で意思決定を行うものは合議制と呼ばれる。内閣や行政委員会など，慎重な意思決定が必要なものは合議制をとっている。

ように，地方自治体内で教育委員会と首長の職務権限を明確にしています。教育委員会は公立学校の教育や社会教育を，首長は私立学校や予算の執行を担っています。そのため教育委員会が予算を増やしたい時には，予算の執行権限をもつ首長の決定が必要になり，首長が公立学校の改革を行いたい時には，教育委員会の決定が必要になります。そのほか，本書第14章で論じられる国や都道府県，市町村間の連係もこの理念に含まれます。このように各行政機関に権限が分有されているため，相互に連携を必要とするしくみになっているのです。

以上4つの理念は，1948年の教育委員会制度導入当初からすべてが言及されていたわけではありません。教育委員会制度の変遷は，大きく3つの段階に分けられます。まず，1948年，教育委員会法が制定された時には，教育委員は住民の直接選挙で選ばれ，教育長は専門的な資格を必要としていました。つまり，第一の地方自治の尊重と第三の指導行政の重視が顕著となっていました。しかし，選挙で選ばれた教育委員は，首長や議会と対立を起こし，行政が混乱するといった問題が生じました。そこで，1956年に教育委員会法に代えて地方教育行政法を制定し，教育委員を首長の任命制とし，教育長の任命には上級機関（国や都道府県）の承認を必要とするなど，第二の政治的中立性・安定性と第四の行政の調和と連係が新たに強調されたのです。さらに，1990年代後半から地方分権改革がすすむと，地方自治体を代表する首長が教育行政も直接担えるようにすべきという意見が強まりました。第二と第四の理念の対立のはざまで，2014年の法改正では，第四の理念を強め，首長が教育の大綱を策定し，首長と教育委員会が協議する場として「総合教育会議」を設置することとなりました。^{*3}

2　地方教育行政に関わる人々

では，現在，地方教育行政に関わっているのは，どのような人々でしょうか。ここでは，中心的な担い手となる教育委員会の構成を見ていきましょう。

図12-1にあるように，教育委員会は，首長が議会の同意を得て，代表であ

---

*3　新制度の説明については，村上祐介（編）『教育委員会改革5つのポイント──「地方教育行政法」のどこが変わったのか』学事出版，2014年を参照。

表12-1 教育長・教育委員の任命状況

〈教育長〉

	平均年齢	教職経験あり	教育行政経験あり※	一般行政経験あり
都道府県 (46人)	61.3歳	23.9%	58.7%	76.1%
市町村 (1,724人)	63.9歳	71.6%	81.6%	29.9%

※教育行政経験とは，教育委員会事務局に勤務し，教員の場合は指導主事など，行政職の場合は総務課長や教育部長などを経験することを意味する。

〈教育委員〉

	平均年齢	職種						教職経験者	保護者
		医師・大学教員等	会社役員等	農林漁業等	商店経営等	その他	無職		
都道府県 (234人)	59.1歳	33.3%	46.6%	1.7%	2.1%	1.7%	14.5%	18.4%	29.1%
市町村 (7,293人)	59.1歳	24.3%	19.5%	8.5%	7.7%	6.4%	33.6%	28.7%	32.1%

出所：文部科学省「平成29年度教育行政調査（平成29年5月1日現在）」より筆者作成。

る常勤の教育長と4名の非常勤の教育委員を任命しています。表12-1は，教育長と教育委員の平均年齢や職歴をまとめたものです。教育長については，都道府県で一般行政経験のある首長部局出身の職員が76.1%を占める一方，市町村では，教職経験のある元教員が71.6%を占めています。なぜこうした違いが生じるのか考えてみましょう。都道府県と市町村の担当する事務の違いや，事務局の規模等から説明できるかもしれません。

次に，非常勤の教育委員については，都道府県と市町村いずれも平均年齢が59.1歳とやや高齢で，医師や大学教員，会社役員が多いことがわかります。特に，都道府県ではその傾向が顕著です。一方，市町村では無職とされる人が多く，教職経験者が約30％いることから，退職教員が一定数存在することがわかります。また保護者も選任されています。

教育委員会には，実際に事務を執行するために事務局が設置されています。表12-2は，事務局に勤務する本務職員数が人口規模によってどの程度異なるのかを示したものです。小規模自治体ほど本務職員数の少ない教育委員会が多

表12-2　人口規模別・事務局本務職員数別の市町村教育委員会数

職員数(人)	人口規模							
	50万人以上	30～50万人未満	10～30万人未満	5～10万人未満	3～5万人未満	1.5～3万人未満	0.8～1.5万人未満	0.5～0.8万人未満	0.5万人未満
101以上	35	25	20	1	—	—	—	—	—
51～100	—	24	122	55	7	1	—	—	—
31～50	—	—	54	148	69	17	2	3	—
21～30	—	—	5	51	107	75	12	2	—
16～20	—	—	2	4	40	87	39	6	3
11～15	—	—	—	3	16	81	96	39	13
9～10	—	—	—	1	4	15	48	40	29
7～8	—	—	—	—	1	8	25	37	65
5～6	—	—	—	—	—	5	12	21	66
4	—	—	—	—	—	1	3	8	32
3	—	—	—	—	—	—	1	2	27
2	—	—	—	—	—	—	—	1	13
1	—	—	—	—	—	—	—	—	7

出所：文部科学省「平成29年度教育行政調査（平成29年5月1日現在）」より一部改変。

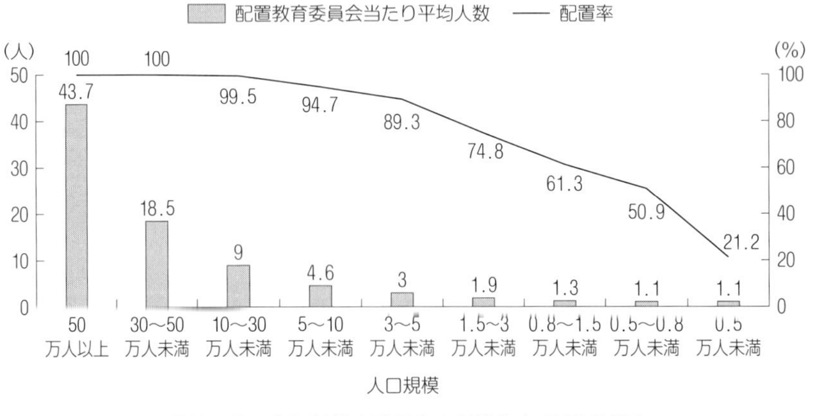

図12-2　市町村教育委員会の指導主事の配置状況

配置教育委員会当たり平均人数／配置率

人口規模	平均人数	配置率(%)
50万人以上	43.7	100
30～50万人未満	18.5	100
10～30万人未満	9	99.5
5～10万人未満	4.6	94.7
3～5万人未満	3	89.3
1.5～3万人未満	1.9	74.8
0.8～1.5万人未満	1.3	61.3
0.5～0.8万人未満	1.1	50.9
0.5万人未満	1.1	21.2

出所：文部科学省「平成29年度教育行政調査（平成29年5月1日現在）」より筆者作成。

く，学校への十分な指導が難しい状況がうかがえます。専門的職員の配置状況についても，指導主事（充て指導主事を含む）[*4]は，都道府県の配置率が100％で平均人数が103.3人，市町村は配置率72.1％で，平均人数5.4人です。市町村の人口規模別の配置状況（図12-2）を見ると，人口10万人未満の場合，その指導主事の平均人数はいずれも5人未満となっており，市町村独自で各教科や領

域を担当する人数の確保は難しそうです。社会教育主事については，さらに配置人数が少ない状況にあります。

2 教育委員会における施策の決定・実施過程

　では，教育委員会は，具体的にどのように地域の教育施策を決定し，実施しているのでしょうか。教育委員会における教育施策の決定・実施過程をまとめたものが，図12-3です。まず，いじめや不登校など，各地域が抱える教育課題が発見されます。次に，それについて事務局内で情報収集や議論が行われ，必要かつ可能な教育施策が立案されます。それを事務局内で決裁し，最終的に教育長の決裁が得られれば，教育施策を実施できます。ただし，重要なものについては，教育委員会会議で議論した後に，実施に至ります。また実施に一定金額以上の予算を必要とするものについては，首長や議会も関わってきます。

　こうした教育委員会における施策の実施状況は，主に次の3つの方法によって住民に情報公開されています。第一に，教育委員会会議です。会議は，原則公開です。文部科学省の調査[*5]によると，2017年度の平均開催回数（意見交換を目的とした協議会等を含む）は，都道府県・政令市が29.2回で月に2回程度，市町村は15.1回で月に1回程度です。会議終了後には議事録や議事概要が公開されます。ただし，教育委員会会議は規則の制定などの重要事項の審議が中心となり，事務の執行状況の詳細まで審議している自治体は多くありません。

　そこで第二に重要となるのが，教育委員会が毎年公表している点検・評価の報告書です。点検・評価とは，住民への説明責任を果たすため，教育委員会が前年度の事務の執行状況を評価，公表するものです。各自治体がどのような事務を実施し，どのような効果を得られたのか，その全体像を把握できます。

＊4　**充て指導主事**：教員としての身分を保持したまま，教育委員会事務局で指導主事の職務にあたる者を指す（地方教育行政法第18条第4項）。1950年代，指導主事の確保が難しかったため，教育委員会と学校の円滑な人事交流を図ることで人員不足を解消しようとした。また充て指導主事とすれば，身分は教員であるため給与費の2分の1（現在は3分の1）が国庫負担金となることから導入が進んだ。

＊5　文部科学省「教育委員会の現状に関する調査（平成29年度間）」http://www.mext.go.jp/a_menu/chihou/__icsFiles/afieldfile/2019/01/07/1411790_01_1.pdf（2019年2月12日閲覧）。

図12-3 教育委員会における施策の決定・実施過程
出所：筆者作成。

　第三に，2014年の法改正で設置された総合教育会議です。原則公開で，開催回数は年に1～3回が一般的です。まれに10回程度開催しているところもあります。同会議では，教育の大綱や，学力向上施策，いじめ防止対策が多く議論され，市町村では，学校等の施設整備やICT環境の整備も多くなっています。首長と教育委員会が協議できることから，予算の必要な事務について首長の支援を得やすく，すでにその成果として，都道府県・政令市では，指導主事やスクールソーシャルワーカー，外国語指導員の増員が，市町村では，コミュニティ・スクールや，学校の統廃合，小中一貫校の推進などが報告されています[6]。

　このように，地方教育行政は他の行政分野と比較しても，具体的にどのように事務が執行されているかを住民に広く公開している点に特徴があります[7]。背景には，地方自治の尊重を理念としていることもありますが，いじめなどの問題が生じて教育委員会制度の信頼が損なわれるたびに法改正が行われ，信頼回復に向けて公開性を高める方策がとられてきたためでもあります[8]。

---

[6] 文部科学省「新教育委員会制度への移行に関する調査（平成29年9月1日現在）」http://www.mext.go.jp/a_menu/chihou/__icsFiles/afieldfile/2017/12/26/1399751_01.pdf（2018年9月1日閲覧）。
[7] また，各教育委員会は，住民の意見や要望に対応するため，教育行政上の相談に関する事務を行う職員を指定している（地方教育行政法第18条第8項）。
[8] 青木栄一「教育行政の専門性と人材育成——信頼低下がもたらす制度改革」『年報行政研究』50，2015年。

3 教育委員会の新たな取り組みと今後の課題

　1990年代後半からの地方分権改革によって、教育委員会の独自の取り組みが広がってきました。少人数学級編制を行ったり、学校選択を導入したり、不登校の児童生徒を支援するためにフリースクールとの連携を強化する自治体もあります。さらに2014年の地方教育行政法の改正によって首長との関係がより緊密になるなかで、教育施策に対する財政的支援も得られるようになっています。

　このように、教育委員会の新たな取り組みが進められる一方で、課題も複数あげられています。具体的には、第一に、2014年の法改正によって教育長が教育委員会の代表となったことによる教育委員の役割の形骸化です。これまでも教育委員会会議が形骸化しているという批判はなされてきました。それでも法改正前の教育長は、あくまで教育委員会の指揮監督の下にある事務局長的存在でした。法改正によって教育長が代表となり、その権限が強まるなかで、非常勤の教育委員が今後も一定の役割を果たすには、事務局から教育委員へのより詳細な情報提供や研修の充実が求められます。

　第二に、独自の教育施策を実施するために必要となる教育委員会事務局の職員や教育予算の不足です[*9]。自治体によって職員数に大きく差があることはすでに確認した通りです。また小規模自治体ほど財政難に悩まされています。

　第三に、そもそも教育委員会制度は必要かという問題もあります。過疎化が進む小規模自治体では、教育委員会の共同設置などで対応していますが、地方自治の尊重という理念を推し進めた場合、教育委員会を設置するかどうかも各自治体の判断に任せるべきという考え方（現行の必置ではなく任意設置とする方法）もでています。2000年代に活発化したこの考え方は、2014年に首長の権限が強化されて収束しましたが、今後また議論に上るかもしれません。4つの理念を含め、地方教育行政は今後どうあるべきか考えていく必要があります。

---

*9　2012年度のアンケート調査（対象：無作為抽出による全国市区町村教育委員会教育長700名、有効回収率59.3％）では、教育長の6割が、事務局のスタッフ数（指導主事等）の不足と教育予算の不足を問題点としてあげている（河野和清『市町村教育委員会制度に関する研究――制度改革と学力政策の現状と課題』福村出版、2017年、p. 47）。

まとめ

　地方教育行政は，①地方自治の尊重，②教育の政治的中立と教育行政の安定，③指導行政の重視，④行政の調和と連係という 4 つの理念のもとに，学校教育や社会教育が効果的に行われるように条件を整備することをその役割としています。教育委員会制度は，1948年に導入されてから，1956年，2014年と大きな改革を経てきました。特に1990年代後半から教育委員会と首長の関係が問題となるなかで，2014年の法改正によって，首長が教育の大綱を定め，首長と教育委員会が協議を行う総合教育会議が設置されることとなりました。今後，教育委員会制度がどのように変遷していくか注目していきましょう。

 さらに学びたい人のために

〇新藤宗幸『教育委員会——何が問題か』岩波書店，2013年。
　　2014年の制度改革以前の新書ですが，教育委員会制度の変遷と現状について幅広い事例を取り上げて説明し，制度の抱える問題点とその解決策を提起しています。教育行政学者とは違う行政学者の大胆な解決策の提言も興味深いです。

〇北村亘・青木栄一・平野淳一『地方自治論——2 つの自律性のはざまで』有斐閣，2017年。
　　地方教育行政を学ぶためには，地方自治全体について理解を深める必要があります。本書は，首長の実像や地方自治体の組織編成と財政状況，さらに学校行政を含めた行政全般について幅広くわかりやすく解説しています。

〇大畠菜穂子『戦後日本の教育委員会——指揮監督権はどこにあったのか』勁草書房，2015年。
　　教育委員会制度の問題点として指摘されてきた「教育委員会と教育長の権限と責任が不明確である」という点について，両者の権限と責任は本当に不明確だったかを，他の合議制組織（行政委員会や企業の取締役会）との比較のもとに明らかにしたものです。他の合議制組織と比較することで，教育委員会制度改革の取り得る選択肢が見えてきます。

第 13 章

教育財政
――無限の目標と有限の資源を結ぶしくみ――

●　●　●　学びのポイント　●　●　●

- 教育の費用負担において，なぜ政府の関与としての財政作用が必要なのか，また，その政府の関与はどこまで正当化されるのかという点について理解を深める。
- 初等中等教育公立学校を中心に，教育機会均等の具現化のためのしくみとしての教育財政を構成する要素とその機能について学ぶ。
- 教育機会均等の実質化に向けて，教育費と教育機会の考え方に関して，今後検討・再考が求められる論点について理解する。

WORK　教育費の使途を考えてみよう

　教育機会の均等に資する財政支出の使途として，何を優先すべきでしょうか。

① 下図は，2017年度の全国学力・学習状況調査の補完調査のデータを用いて，小学6年生の児童の属する世帯の収入ごとに国語と算数の平均正答率を比較したものです。このような傾向を生み出す要因について，可能な限り列挙してみましょう。

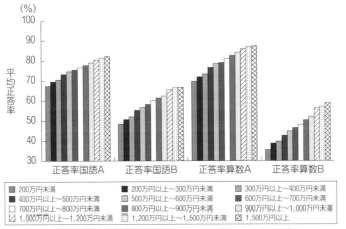

図　小学校6年生における世帯収入と学力との関係
注：2017年度全国学力・学習状況調査の補完調査より。
出所：国立大学お茶の水女子大学「保護者に対する調査の結果と学力等との関係の専門的な分析に関する調査研究」『平成29年度「学力調査を活用した専門的な課題分析に関する調査研究」』2018年より筆者作成。

② 列挙した要因を踏まえて，教育機会の均等のために，何を優先して財政支出がなされるべきだと考えますか。理由も含めてグループで議論してみましょう。

第13章　教育財政

● 導　入 ●

　教育という事業は様々な価値の実現が託される対象ですが，同時にそれは労働集約的な対人サービスであり，人件費をはじめとして多額の費用を要します。教育費負担をめぐる問題はこうした無限の目標と有限の資源の相克のなかで顕在化します。本章では，初等中等教育を中心に，一定水準の教育環境の確保，機会均等などの実現を支える教育財政の現行のしくみと機能について学びます。加えて，公財政でカバーすべき教育費の範囲はどこまでなのか，そもそも教育機会が均等であるとはどのような状態なのか，それらに呼応して教育財政のしくみはどのようなものになるべきなのか，という論点についても課題提起してみたいと思います。

【担当部門】
　文部科学省初等中等教育局財務課
【重要法令】
　義務教育費国庫負担法，公立義務教育諸学校の学級編制及び教職員定数の標準に関する法律，学校教育の水準の維持向上のための義務教育諸学校の教育職員の人材確保に関する特別措置法
【重要答申類】
　中央教育審議会「第3期教育振興基本計画について（答申）」（平成30年3月8日）

1　教育財政支出の概況

1　教育支出額の現状

　教育は一般的に労働集約的な対人サービスであり，その実施には人件費をはじめ多額の費用を要します。具体的には，日本の学校教育においては年間で公財政・家計負担あわせて在学者1人あたり120万円程度（小学校約92万9,000円，中学校約106万8,000円，高校約110万円，大学・短大約184万7,000円）が支出されています[*1]。また教育サービスは学校教育だけでなく，塾や習い事といった学校外教育セクターでも提供されており，家計による年間支出は児童生徒1人あたり20

〜60万円程度に及びます。^{*2}

　これらのうち，学校教育費の一部のみが財政を通じて支出されていますが，政府の歳出のなかでも教育費は小さくない位置を占めています。2016年度の国と地方をあわせた総歳出168兆3,000億円のうち，教育費は約19兆7,000億円（うち学校教育費約14兆9,000億円）で総歳出の11.7％を占め，社会保障費，公債費に次ぎ大きな割合となっています。特に地方自治体においては予算上，社会保障に次いで大きな歳出シェアを占めています。

　また，教育分野への総歳出のうち地方自治体の歳出が占める割合は85％程度であり，教育事業は主に地方自治体によって担われています。これは地方自治体が就学前および初等中等教育の主たる実施主体であることを反映したものです。ただし，後述のように，それは地方自治体が自力でその費用を賄っているのではなく，国から多額の移転支出を受けて事業を行っていることを意味しています。[*3]

2　国と地方の教育費支出の内訳

　文部科学省の2017年度の予算総額は約5兆3,000億円であり，文教関係費の費目は多岐にわたりますが，そのなかでは義務教育費国庫負担金（初等中等教育局財政課が担当）が約3割と最も多くを占めています。後述のように，総務省所管の地方交付税交付金のなかにも義務教育費国庫負担金に伴う支出があることも勘案すれば，文部科学省の予算構成上，義務教育は教育財政の中核にあると言えます。

　初等中等教育関係支出は都道府県では教育費の7割弱，市町村では4割弱，地方自治体純計で約6割を占めており，初等中等教育の実施は地方自治体の重

＊1　初等教育から高等教育までを含めた1人あたりの学校教育への政府・家計支出額（OECD（2018），*Education at a Glance*．）。
＊2　文部科学省「子供の学習費調査（2016年度）」における「学校外活動費」のデータ。公立学校在学者の家計の平均に限定すれば，小学校で約22万円，中学校で30万円，高校で17万円となっている。
＊3　データの詳細については本書「はじめに」を参照。

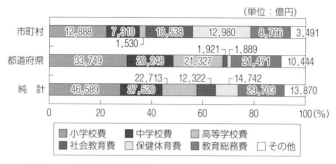

図13-1　地方教育行政費の教育段階別内訳（2016年度決算）
出所：総務省『地方財政白書（平成30年版）』日経印刷，2018年。

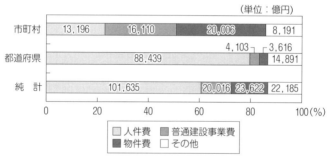

図13-2　地方教育行政費の性質別内訳（2016年度決算）
出所：総務省『地方財政白書（平成30年版）』日経印刷，2018年。

要な役割となっています（図13-1）。都道府県でその割合が高いのは初等中等教育公立学校教員の人件費を支払っているためです。人件費支出は教育財政支出の中核であり，特に都道府県では約8割を占めています（図13-2）。また，都道府県歳出全体のなかでも教員人件費は17.6％を占めています。地方財政全体の文脈でも教員人件費負担の在り方は重要事項であり，実際の地方財政史の展開のなかでも多大な関心が注がれてきました。

3　比較のなかの日本の教育財政支出

　以上の点は日本国内の財政統計に基づくものですが，日本の現状の教育財政

表13-1　先進国の教育財政支出の比較

	1人あたり教育財政支出（USドル）				
	就学前	初　等	前期中等	後期中等	高　等
カナダ	—	8,365	8,365	11,667	—
フランス	7,298	6,714	9,322	12,527	12,567
ドイツ	8,999	7,501	9,295	11,881	14,092
イタリア	5,414	7,784	8,552	8,285	6,947
日　本	3,590	8,405	9,750	10,815	6,253
イギリス	5,262	10,087	8,889	9,366	6,578
アメリカ	—	10,702	11,584	12,297	10,563
OECD加盟国（34か国）平均	7,454	7,898	9,032	9,307	10,658

注：就学前教育の対象年齢は国によって異なる。また，1人あたり教育財政支出は，筆者の計算による。
出所：OECD (2018). *Education at a Glance* より筆者作成。

支出をめぐる議論は，時に他の国との比較において注目を集めます。対GDP比で日本の教育財政支出水準が低調である旨がたびたび主張されるのはその最たる例でしょう。

しかし，在学者人口を勘案した相対的な比較から言えば，このような「過小支出論」は就学前教育と高等教育のみに当てはまります。在学者1人あたりの教育財政支出で比較すれば，初等中等教育に関しては，日本は先進国平均並み，もしくはそれよりもやや多い水準にあります（表13-1）。また，日本では，公立学校に投入される政策的資源の地域間の格差は抑えられています。例えばアメリカのように，同じ学歴・経験年数の教員の給与額の地域間格差が倍以上にも及ぶというようなことはありません。

こうしたことからも，今日までの日本の教育財政の力点は，初等中等教育にあったと見ることができます。もっとも，近年では政治主導で就学前教育と高等教育段階において公財政支出を拡充する動きが顕著になってきています。

2 なぜ財政負担が必要なのか

1 公財政負担の正当性

　前節で見たように学校教育の一部の費用は公財政によって賄われていますが，そもそも，なぜ，教育サービスの実施に政府の助成が必要なのでしょうか。このことは，公財政が介在せず教育費が全額私費負担によって賄われた場合に何が損なわれるのかという点と表裏一体であり，大きく次の3つの理由を考えることができます。

　第一は，一定程度の消費を強制できる価値財という教育の性質です。個人の自発性に任せていたのでは，資産・所得が少ないために，望ましい（と公定された）最低水準まで教育を受けない人が出るかもしれません。義務教育では，就学の直接費用の公財政負担と保護者の就学義務が不可分になっています。

　第二は，教育における外部性です。教育には投資としての性質があります。すなわち，一時的には金銭的負担となっても教育を受けたことにより，賃金をはじめ，修学後に便益を得る可能性があります。この投資という性質自体は政府による助成を正当化するものにはなりませんが，有望な投資であっても教育に正の外部性がある場合，個人の自発性に任せたのでは過少投資になります。すなわち，当人以外にも利益が広く漏出しているため，その費用を社会が負担しなければ，最適な需要量・厚生には達しません。この外部性は政府の助成を正当化する大きな根拠となります。

　第三は，借入制約の存在です。もし手持ちの教育資金がなければ，学習者本人・保護者は市中金融機関からの借入を考えるでしょう。この時に借主側の信用が不十分なため，必要額を借り入れられないかもしれません。もしも借主が学習者本人であれば，その多くは就業前の子ども・若者ですから，そもそも融

＊4　**正の外部性**：消費者当人以外にも利益が及ぶことを指す。例えば，基本的な読み書きや社会的スキルは，身につけた人が増えるほど，コミュニケーションが円滑になるなどして社会全体が豊かになることを促し，当人以外も利益をもたらす。

資を受けることは不可能であるか[*5]，非常に高率の金利を要求されるでしょう。こうした場合，教育資金を賄うことができず教育機会の均等が損なわれるため，政府の介入が必要になります[*6]。

2 教育費の範囲

　前項の議論は教育財政の存在事由に関わるものですが，それはどの段階の教育，あるいは教育費のうちどの部分について正当化するものなのかは解釈が分かれます。そして実際問題として問われるべきは，家計や個人に対して政府の助成が必要となる教育費の範囲は具体的にどこまでなのかという点です。

　現在の日本では，義務教育段階の国公立学校の歳入は授業料に依存しておらず，授業料を徴収していません[*7]。また，授業料不徴収は義務教育国公立学校だけでなく，2010年度から公立高校授業料（相当分）にも適用され[*8]，2019年10月から住民税非課税世帯の0～2歳児および3～5歳児の幼児教育・保育費，2020年度からは一定水準以下の世帯収入の生徒の私立高校授業料，非課税世帯における国立大学授業料相当分にも拡大する見込みです。このように教育費＝国公立学校の教育を受ける際に必要となる授業料相当分と解釈するならば，現時点で教育費は相当部分，公財政でカバーされていることになります。

　教育費を授業料に限定して解釈すべきか，あるいはそれ以上ならばどこまでを含めるべきかという点について定見はなく，公財政が負担すべき教育費の範囲を確定するような原理・原則はありません。憲法や教育基本法の法解釈の上でも無償の範囲を授業料に限定する解釈と就学費用全般に適用する解釈とが並立しています。現行の公財政負担の範囲の境界設定は確定的なものではなく，また，今後も流動的であり続け，政治的な決定に拠ることになるでしょう。

＊5　現行の民間金融機関の教育ローンの借主は，教育を受ける子ども本人ではなく，その保護者であり，保護者が与信審査の対象となる。
＊6　ただし政府の関与は無償化や補助金給付に限らない。高等教育の場合は，借入を前提とした債務保証や利子補給，所得連動返還型ローンの採用も政策的選択肢としてあり得る。
＊7　義務教育公立学校で授業料不徴収となったのは第3次小学校令（1900年）以後である。
＊8　ただし，2014年度からは世帯収入によって対象者の制限が設けられている。

3 初等中等教育に関わる財政のしくみ

　前節の議論は教育費負担と財政の問題を学習者側から見たものですが，歴史的に教育財政は教育サービスの供給者に対する機関補助のしくみとして形成され，学習者の利益となる学習環境の整備や機会均等策も機関補助を主軸に行われてきました。

　学校という形態で教育サービスを供給するには，用地を取得し，校舎を建設し，施設・設備を整備し，教員を雇用し，図書や消耗品を揃え，維持費を支払う等のことが必要になります。これらへの支出が供給者側から見た教育費であり，それらを賄う歳入をどのように調達・配分し，価値の達成を図るのかが教育財政の課題となります。

　公立学校の場合，供給者は地方自治体となりますが，その財政制度は戦前から戦後にわたり長い時間をかけて形成されてきました。初等中等教育公立学校を支える教育財政の根幹的な要素としては，①戦中・戦後期にかけて築かれた政府間財政移転，②戦後から1960年代にかけて築かれた教職員定数・給与水準に関する条件基準法制，③1960〜70年代にかけて行われた政治的な教育財政拡充策があり，各々が財源保障・平衡化，教育条件の標準化，教育条件の拡充という機能を果たしてきました。[*9]

1　政府間財政移転制度——財源保障と平衡化

　学校教育における資本的経費と経常的経費の負担の原初的な原則としては，学校の設置者が費用負担すべしという「設置者負担主義」があります。公立学校については，市町村立学校，都道府県立学校各々の設置者は市町村，都道府県となりますが，実際には税源の地域的偏在により，多くの自治体が学校教育の経費を自力で賄うだけの財政力を欠いているため，国から地方自治体に対す

＊9　就学前教育や高等教育・私立学校における財政については，それぞれ本書第2章，第4章を参照。

る財政移転のしくみが存在します。

　政府間財政移転制度には，特定補助金／一般補助金という区分があります。特定補助金は中央政府から地方自治体への使途が固定された財政移転であり，財源保障することで特定の行政サービスの実施を確保することを目的としています。日本では国庫負担金・補助金が特定補助金に該当し，教育分野の国庫負担金・補助金としては，義務教育費国庫負担金，公立学校施設費国庫負担金，理科教育設備整備費等補助金などがあります。

　一方，一般補助金は使途を特定せずに，多岐にわたる行政サービスにかかる総経費の財源保障を行い，なおかつ自治体間の平衡化——各自治体が同一費用負担で同一水準のサービスの提供を行う能力を保障すること——を図ることを目的としています。現行の日本のしくみでは地方交付税交付金が一般補助金に該当します。地方交付税交付金は，各自治体の標準的な行政サービス需要額を「基準財政需要額」として積算した上で，自力でそのサービス水準を達成できない財政力の弱い自治体に対して，中央政府が財政力に応じて必要額を補塡するものです。

　地方自治体は，国庫補助金・負担金の対象となる事業においては，国庫負担金・補助金で国の補助を受け，また財政力の弱い自治体は「自治体負担分」においても地方交付税交付金によって国から財源措置を受けているのです。こうして今日の地方自治体の行政経費調達は，特定・一般財源の財政移転制度に大きく依存していますが，地方財政史上問題となってきたのは，義務教育公立学校の教員人件費の費用負担でした。[*10] この義務教育公立学校の教員人件費負担問題こそが財政移転制度発足の契機となったのです。

　明治期，義務教育（小学校教育）の国庫補助は貧弱であり，実質的には設置者負担原則のもとで，市町村に小学校の教員人件費負担が課せられていましたが，その負担は歳入が乏しい町村にとっては過重なものでした。その後，明治後期から戦中期を通じて教員人件費負担問題について，地方財政問題と教育問題（教員待遇改善）の双方の文脈で国政上の対応が迫られ，最終的には，小学

---

*10　特別支援学校や中等教育学校のように義務教育を担う機関には都道府県が設置者となるものもあるが，ここでは市町村立学校を念頭に置いている。

第13章　教育財政

校教員人件費負担は設置者の市町村ではなく，より財政基盤の安定した国と府県が担うかたちとなり，今日の政府間財政移転のしくみの原型が築かれました。国税の一部を府県に交付し歳入格差平準化にあてる地方分与税制度（今日の地方交付税交付金制度の原型）とともに，教員給与費を国が半額負担する義務教育費国庫負担法が1940年に制定されました。

義務教育費国庫負担法は戦後一時的に廃止されましたが，1952年に義務教育費国庫負担法が復活し，今日に至るまで存続しています。現在においては義務教育公立学校教員の人件費は人事権者でもある都道府県・政令市によって支払われており，その実支出額の3分の1について国庫負担金制度を通じて国が負担しています。

こうした歴史的経緯は，狭域の基礎自治体が地方税などの自主財源だけで安定的に教育サービスを賄うことが困難であること，地域間の税源格差と景気変動に伴うリスクへの対処には政府間財政移転のしくみが不可欠であることを示しています。

2　教職員定数と給与水準の条件基準法制——教育条件の標準化

上記の政府間財政移転制度はあくまでも財源保障ないし定率負担のしくみであり，地方自治体の財政力（と教育への意欲）の差が反映されて生じる教育条件の格差を直接抑止するものではありません。教育機会均等の実現という点では，戦後直後から60年代にかけて制定された条件基準法制（標準法）が財政移転制度を補完してきました。[*11]

教職員定数に関する標準法としては，1958年成立の「公立義務教育諸学校の学級編制及び教職員定数の標準に関する法律」（以下，義務教育標準法），および1961年成立の「公立高等学校の適正配置及び教職員定数の標準等に関する法律」（以下，高校標準法）があります。これらは各都道府県・政令市の教職員定数や学級編制，財政移転の積算の根拠となるもので，標準法に基づいて都道府

---

*11　小川正人『戦後日本教育財政制度の研究』九州大学出版会，1991年。

183

県・政令市教育委員会は学級編制基準を定めます。この「標準」が実質的に教育条件のナショナルミニマムとして機能し、戦後の長期にわたって地域間での学習環境の均質化を促しました[*12]。

　もっとも、こうした標準法は、単に機会均等という教育行政上の要請から直接的に実現したものではなく、児童生徒数の減少が見込まれるなかでの定数抑制・財政合理化を期待する大蔵省（現：財務省）および自治庁（現：総務省）と、定数確保を期待する文部省（現：文部科学省）の異なる思惑のもとでの均衡として成立しました。そして、その競合関係の構図自体はその後も教育財政をめぐる政治的環境の基底をなしてきました。

　一方、給与水準については、「標準法」と冠した法令はないものの、1949年成立の「教育公務員特例法」第25条第5項の国立学校教員への準拠を定めた規定（2004年廃止）が、実質的に標準化を促し、潜在的に生じ得る給与水準格差、あるいはそれに基づく教員の質の格差を抑制してきました。

3　1960〜70年代における教育財政拡充策──教育条件のさらなる拡充

　政府間財政移転制度と標準法という制度的要因に加え、1960年代から1970年代にかけての政治的な教育財政拡充策が教育条件改善を促してきたことも教育財政の展開において重要な要素を成しています[*13]。

　教職員定数については、義務教育標準法・高校標準法制定後は漸次的に教職員定数改善計画が進められ、児童生徒急増期に自然増となった定数を活用して、学級規模縮減と様々な種目での教員加配が行われてきました。教職員定数改善は投入拡充として学習者の利益に叶うものでしたが、同時に児童生徒数減少の局面において生じる余剰教員問題を潜在化させる意味で教員側の利益にも沿うものでした。そうした点で教職員定数改善は、戦後を通じてきわめて政治的イ

＊12　現行の義務教育標準法では、同学年で編制する学級について小学1年では35人学級（2012年度から）が、それ以上の学年では40人学級が標準となっている。

＊13　この時期の教育財政の政治過程については、橋野晶寛『現代の教育費をめぐる政治と政策』大学教育出版、2016年を参照。

シューであり続けてきたと言えます。

給与水準については，1974年に「学校教育の水準の維持向上のための義務教育諸学校の教育職員の人材確保に関する特別措置法」（以下，人材確保法）の立法によって，一般行政職公務員給与に対する教員給与の優遇を図り，教職参入者の確保を促しました。人材確保法による3次にわたる給与改善は25％程度の上昇を促す，膨大な財政支出を伴うものでしたが，それは自民党文教関係議員や文部官僚といった教育関係アクターの働きかけだけで実現したものではなく，首相をはじめとした中枢的政治アクターの後ろ盾を伴って可能となった政策でした。

4 初等中等教育に関わる教育財政制度の見直し

以上の戦中期から1970年代にかけて築かれた政府間財政移転制度，条件法制，教育財政拡充策は，一定の教育条件確保，地域間格差是正という点で戦後教育政策において重要な役割を果たしてきました。しかし，それは教育，財政，地方行財政というセクター間の競合関係上の不安定な均衡に立脚していたもので，長期的な安定を得るものではありませんでした。上記のしくみは，行政改革（公務員人件費削減）と地方分権（特定補助金の一般財源化）の文脈のなかで，1980年代以降，恒常的に改変の圧力を被ることとなったのです。

義務教育費国庫負担金制度は1970年代までに当初の教員給与，旅費，教材費以外にも対象経費を拡大させていきましたが，その流れは1980年代以降反転し，一般財源化が進行しました。公立学校経費を使途の特定がある特定財源で賄うか，使途の特定がない一般財源で賄うかという問題は，戦前の国庫負担金制度成立当初から争点であり続けてきたものです。住民自身が地方議会政治を通じて歳入・歳出水準と使途について意思決定するという自己決定や，財政民主主義を重視する視点から見れば，一般補助金が長じています。しかし，特定補助金を廃止して一般財源化した場合，特定補助金であれば確保されていた特定使途のための財源が他に流用される可能性が高まるため，必要不可欠のサービス・水準の確保には一般補助金は向きません。

この特定財源／一般財源の問題が大きく顕在化したのが，2000年代前半の「三位一体改革」と呼ばれる財政制度改革であり，総務省や地方自治関係者から主張された特定補助金の一般財源化（地方交付税への組み入れ）が争点となりました。結果的に，一般財源化の主たる標的であった義務教育費国庫負担金制度のしくみ自体は維持されましたが[*14]，教員給与費の国庫負担率は2分の1から3分の1に引き下げられました（2006年度から実施）。また三位一体改革の過程での地方の自主性・裁量を抑制しているという批判に対応するため，文部科学省はそれまで義務教育費国庫負担金の費目ごとに基準設定し国庫負担する方式を改変し，総額の範囲内で一定の使途の裁量を認める総額裁量制[*15]を2004年度から導入することとしました。総額裁量制導入に前後する一連の制度改変は，戦後の教員人件費政策を特徴づけてきた教職員定数・給与水準の標準化作用を緩和し，地方の自主性拡大として教育条件の多様化を許容することとなりました[*16]。

　また，2006年成立の「行政改革推進法[*17]」では公務員総人件費抑制の一環として，児童生徒数の減少に見合う数を上回る教職員定数の純減とともに，人材確保法に規定された教員給与の優遇部分の見直しが掲げられ，2008年度から義務教育等教員特別手当の縮減措置が実施されました。

　以上のように初等中等教育を支える教育財政は，1980年代に確立・拡充期から見直し・抑制期への転換を迎えました。しかし一方で2000年代後半以降，「子どもの貧困」や学力格差問題の可視化によって財政支出を要する教育機会均等策への社会的・政治的需要は高まりを見せています。財政的な持続可能性，

---

*14　三位一体改革の際，教育・子育て関連では，義務教育費国庫負担金の教職員退職手当・児童手当，公立学校の図書整備費，準要保護者に対する就学援助費，児童保護費等国庫負担金の保育所運営費が一般財源化された。

*15　その具体的運用として，雇用・給与水準を抑制して教員数を確保・拡大し，少人数学級・指導が各県で実施された。

*16　総額裁量制導入に前後して，教職員定数・学級編制に関わる重要な改正として以下のものがある。学級編制の自主事務化（義務教育標準法改正，2000年），義務教育標準法を下回る学級編制基準の許容（義務教育標準法改正，2001年），加配定数の少人数学級編制への流用容認（文部科学省通知，2004年），市町村費による教員の独自任用容認（市町村立学校職員給与負担法改正，2006年）。

*17　**行政改革推進法**：正式名称は「簡素で効果的な政府を実現するための行政改革の推進に関する法律」。財政健全化を図り，簡素で効率的な政府の実現を目指したものであり，特別会計改革などとともに国・地方の公務員人件費改革が盛り込まれた。

政治的な手続き的正当性とともに，こうした教育課題の解決への有効性が，今後の教育財政制度の維持の鍵となるでしょう。

4 「教育費」と「教育機会」の再考

　ここまで教育機会均等の具現化のしくみとして現行の教育財政を議論してきましたが，制度・政策の考え方には常に見直しの余地が存在します。最後に，教育財政におけるそもそも論として「教育費」と「教育機会」の再考のための論点を簡潔に示しておきたいと思います。

　教育費については，前述のように財政負担の範囲・対象に関する議論があります。授業料不徴収の対象は従来の義務教育を超えて広がりつつありますが，現行のしくみでは，義務教育段階であっても，給食費，部活動用具購入費，修学旅行費，制服費，通学費等は家計負担となっており，就学に付随する費用の負担が難しい世帯については，生活保護世帯に対する教育扶助，要保護・準要保護世帯に対する就学援助，高校生等奨学給付金（2014年度以降）という枠組みで支援が行われています。所得制限によって支援対象を限定・選別するしくみは，全世帯を対象にするよりも歳出を抑えられる点で合理的である反面，その恩恵に与る人が少ないがゆえにその拡充の政治的支持を削ぐ可能性もあります。教育費無償の範囲は，単に歳出総額の多寡の問題だけではなく，税負担への政治的支持というしくみの安定性の面からも検討される必要があるでしょう。

　そして同様に，費用負担問題が関わる教育機会についても捉え方には議論の余地があります。近年では，単なる就学の機会としてではなく，生育環境の差に左右されずに一定の成果を獲得する機会として教育機会を捉える見方が有力になっています。同時に，そうした実質的な解釈の教育機会の具現化には，様々な考慮・対応が求められることになります。教育成果には在学中・修学後の様々な長期的な厚生が含まれますが，こうした成果との関連づけを志向するならば，財政がカバーすべき教育費は広範になり，既存の行政分野，教育段階の区分を超えた総合的な施策を伴います（本章の WORK も参照）。また，そうした成果に照らした機会均等には，個人・組織が各々要する追加的資源の推計が

不可欠となります。そのための調査・測定・分析等に係る技術・資源の確保も教育財政における重要な課題として顕在化してくるでしょう。

まとめ

　本章では，労働集約的事業である教育サービスの実施，教育行政・政策の根本となる機会均等の理念の具現化のしくみとしての教育財政について学びました。その際に，課税を伴う政府の助成作用の正当性，教育機会や教育費の概念的な広がり，初等中等教育財政を構成する要素としての制度・政策の歴史的展開とその機能・意義などについても理解を深めました。今後，教育機会均等のためのしくみとしての教育財政を考える上で，地域間・家庭間格差是正という機能の有効性・効率性だけでなく，その実質化のための技術的側面，財政の持続可能性，ほかの政策分野との整合性，有権者・納税者の政治的支持によるしくみ自体の安定性，といった多岐に及ぶ論点を含めた包括的な考察が求められます。

さらに学びたい人のために

○市川昭午・林健久『教育財政』東京大学出版会，1972年。

　　かなり古い研究書ですが，教育財政に関わる包括的な理解を図る上での基本書であり，教育財政を学ぶ際に最初に読むべき文献です。文章も平易であり，制度史と経済学の双方の視点からのバランスの取れた記述において優れています。

○塙武郎『アメリカの教育財政』日本経済評論社，2012年。

　　本文中では地域間格差是正のしくみとして政府間財政移転などについて触れましたが，そうしたしくみが弱い分権的なアメリカの教育財政に関する情報は，日本のしくみの功罪を考える上で有用です。

○宮本太郎（編著）『転げ落ちない社会——困窮と孤立をふせぐ制度戦略』勁草書房，2017年。

　　教育財政に焦点化した文献ではありませんが，子どもの貧困など従来の教育行財政の枠組みを超えた，生活保障の問題を考える際にお薦めです。特に，序章の普遍主義／選別主義をめぐる議論の整理は，興味深いものがあります。

第14章

政府間関係
―― 中央政府と地方政府の関わり ――

・・・ 学びのポイント ・・・

- 教育行政の中央と地方の関係を制度的に理解する。
- 地方自治体が自律して行う政策形成について理解する。
- 地方分権改革による教育行政への影響を理解する。

WORK　政府間関係を身近なまちから調べよう

1．次の義務教育を想定した項目について考えよう
　① まずはあなたの考えで，(a)中央政府（国）が行うべきこと，(b)地方政府（都道府県・市町村）が行うべきこと，(c)学校が行うべきこと，の3つに区分して下の表に○をつけてみましょう。

	(a) 中央政府(国)	(b) 地方政府 （都道府県・市町村）	(c) 学　校
教科書の内容			
教員の採用・移動			
授業での教え方			
学校の建設			
特別支援教育			

　② その上で，各項目が(a)～(c)のどの主体に委ねられているか，調べてみましょう。

2．あなたの育った市町村について考えよう
　あなたの育った市町村の教育政策と，その近隣の市町村の教育政策を比べて，似ているところ，異なっているところを調べてみましょう。
　例えば，次のような政策ではどうでしょうか。
　　・子育て支援　・学力向上　・子どもの医療費　・学校建築　・ICT教育

第 14 章　政府間関係

● 導　入 ●

　大学の教職課程で使用する教育行政のテキストで，政府間関係が1章を割いて取り上げられることはほとんどありません。政府間関係という時，主に中央政府（国），地方政府（都道府県，市町村（東京都特別区を含む）。以下，本章において同じ）の関係を指しますが，行政機構や政策形成が説明されても，それぞれの「関わり」が解説されることは少ないのです。2006年に改正された教育基本法第16条第1項では「(…略…) 教育行政は，国と地方公共団体との適切な役割分担及び相互の協力の下，公正かつ適正に行われなければならない」とされ，教育行政を行っていく上で中央政府と地方政府とが連携協力していくことを求めています。本章では，教育行政の政府間関係について，その構造と近年の改革を見ていきましょう。

● ● ● ● ● ● ●

【担当部門】
　文部科学省（初等中等政策局財務課，初等中等教育局教育課程課，初等中等教育局初等中等教育企画課），都道府県・市町村教育委員会事務局
【重要法令】
　地方教育行政の組織及び運営に関する法律，地方自治法，義務教育費国庫負担法
【重要答申類】
　中央教育審議会「今後の地方教育行政の在り方について（答申）」（平成10年9月21日）
　内閣府「地方分権推進委員会最終報告」（平成13年6月14日）

1　政府間関係の概念的理解

　日本における教育行政の組織は，学校教育の一事をとっても中央省庁である文部科学省，都道府県教育委員会，市町村教育委員会と3つの行政機関があります。これらの行政機関は文部科学大臣から都道府県と市町村，都道府県から

---

*1　日本について考えてみると，国と中央政府がほぼ同義だというのは理解しやすい。中央政府と対になるのが地方政府である。日本では都道府県と市町村のことを地方自治体，地方公共団体（法令用語）と呼ぶ。ただ，海外では日本の地方自治体を Local Government という呼称で紹介することになる。日本国内の説明では，本章でも他章と同じようにみなさんになじみの深い「地方自治体」を用いて説明していくが，政府間関係の描象的なモデルの説明等では「地方政府」の語を用いた。

市町村への指導・助言によってつながっています（地方教育行政の組織及び運営に関する法律（以下，地方教育行政法）第48条）。学校教育以外にも図書館や博物館などの社会教育行政においては文化庁，体育スポーツ行政ではスポーツ庁なども関連してきます。ここでは学校教育を中心に見ていくことにしましょう。

本章で扱う政府間関係は，権限，財政，人事の3つの側面のうち財政[*2]を除いた2つの側面です。この2つの側面のうち特に権限について中央地方の分担・連携関係を見る時，中央政府への権限の集中を表す「集権」と地方政府への権限の分散を表す「分権」という概念がよく用いられてきました。そこへ，ある政策の中央地方の分担関係があるかないかをもとに「融合」「分離」という概念を追加して，2次元的に把握しようとしたのは天川[*3]（「天川モデル」）でした。しかし，もともと行政委員会制度をとっている教育行政についてこの天川モデルでの理解は難しいため，「融合」「分離」ではなく，ある政策についてその他の政策領域を担当する主体と同一か（「統合」），否か（「分立」）という関係によって把握をしようとした西尾のモデル[*4]が用いられる場合があります。ここでは，この西尾による修正を踏まえて，集権・分権と統合・分立の2つの軸によって教育行政を見てみましょう。

X軸方向に集権・分権，Y軸方向に統合・分立をとり，平面上に配置したものが図14-1です。集権と分権，統合と分立は「ここからが集権」のように線引きできるものではなく，相対的かつ概念的なものです。特に義務教育など制度設計が強固で地方政府の裁量が少ない（と考えられている）ものは「集権」ですが[*5]，地方政府のなかでは行政委員会制度によって教育委員会が執行機関であり，首長部局とは相対的に距離があるため，「分立」の関係になっています。執行権のある教育委員会制度を前提とする以上，完全な「統合」（＝首長による

＊2 「財政」については，本書第13章参照。
＊3 天川晃「変革の構想」大森彌・佐藤誠三郎（編）『日本の地方政府』東京大学出版会，1986年，pp. 111-137。
＊4 西尾勝『行政学の基礎概念』東京大学出版会，1990年。なお，西尾のモデルで説明している例として，村上祐介『教育行政の政治学——教育委員会制度の改革と実態に関する実証的研究』木鐸社，2011年がある。
＊5 後述するように1999年に成立した地方分権一括法により，一定，分権化されたと評価されている。

第14章　政府間関係

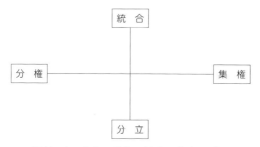

図14-1　集権・分権＝統合・分立モデル
出所：西尾，1990年，pp. 420-428，村上，2011年，pp. 54-61より一部改変。

学校教育行政）はできません。しかし，スポーツや文化の行政は2007年の地方教育行政法改正で首長部局への移管が可能になっていますし，生涯学習や社会教育などでは地方自治法第180条の7の規定による補助執行も行われています。また，さらにいえば2014年の教育委員会制度改革も，首長の教育行政への関与を増やすという意味で「統合」を指向したものと見ることができます。つまり，国から地方への権限委譲・関与の見直しという直線上の関係だけでなく，地方政府内で事務執行を首長に集約しようとする統合化が進んでいるのです。このように整理すると，中央と地方の関係は単にどちらが権限をもっているかという直線上の関係ではないことがわかります。

2　地方政府の自律性

　地方政府には法令の範囲で一定の裁量があります。中央政府から独立して自己決定できるという意味で，これを自律性ということにしましょう。本節ではその地方政府の自律性の内容を見ていきます。
　まず，法律上は普通地方公共団体は条例を制定すること（地方自治法第14条），その長は権限に属する事務について規則を制定することができます（同第15条）。また，首長と同様に執行機関である教育委員会も，教育に関する事務について

＊6　**補助執行**：ある行政機関の事務（ここでは文化やスポーツ）を他の行政機関に所属する職員が補助して執行すること。職務権限の移管と異なり，事務の名義などが教育委員会に残る。

規則を制定する権限をもっています[*7]（地方教育行政法第15条）。例えば，就学校の指定，学校の休業日，教材の使用など学校運営に関する内容を幅広く定める学校管理規則はその一つです。都道府県，市町村の教育委員会はこれらの規則を通じて，ある程度の裁量をもって教育行政を実施していくことができます。

一方で，特に全国で一定水準以上の質を確保する必要のある義務教育に関しては，教職員の定数，教科の指導内容など文部科学省が法令および行政の活動を通じて，種々の定めのある領域が多くなっています。例えば教員の配置や，学級編制の基準に関しては教育条件の平準化が強く意識されてきたため，1990年代以降の地方分権改革以前においては，地方自治体が自律的に政策導入をする余地は乏しかったとされています[*8]。地方分権改革後には，この教員配置や学級編制についても，各地方自治体の独自の取り組みが行われてきています。

地方政府の独自政策を実施するといっても，中央政府の諸政策と無関係の政策ばかりでなく，すでに実施されている中央政府の政策に地方政府が「付け加え」をすることもあります。「付け加え」としてはすでに中央政府により規制や補助金のある政策について，地方政府の「上乗せ」「横出し」があります。「上乗せ」とは法律などの中央政府の規制や補助をより強めるもの，「横出し」とは中央政府の規制や補助の対象以外の部分に地方政府独自に規制や補助を付け足すものです。これは補助事業などにおいても見られ，例えば学級編制基準を地方自治体が独自に設定（＝教職員を増やす）する場合（上乗せ），法令の教職員の加配対象以外に独自財源で加配を付け加える場合（横出し）などがあります（図14-2）。

Aという政策を導入するか否か，あるいはA，Bという政策の選択肢がある時に，どちらを選択するかという政策選択について，例えば青木は学校施設の補助金を事例に，地方政府に自律的な政策選択が可能な余地があることを示し

[*7] 詳しくは本書第11章参照。
[*8] ただし，一部の市町村はこうした全国水準に追従するだけでなく独自に教員を任用し，少人数学級を実現してきていたことも明らかになっている。例えば，阿内春生「市町村費単独負担教職員の雇用に関する教育行政方策の検討——長野県小海町を事例として」『早稲田大学大学院教育学研究科紀要』別冊16(2)，2009年，pp.1-12。
[*9] 青木栄一『教育行政の政府間関係』多賀出版，2004年。

第14章　政府間関係

図14-2　「上乗せ」「横出し」
出所：筆者作成。

てきました。埼玉県の志木市では，構造改革特区制度を利用して教員を独自に任用する取り組みを進めてきたほか，やはり特区制度を活用して小中一貫教育を進めてきた東京都品川区の事例，議会が教育委員会の提案した少人数学級編制の予算を付け替えて，生徒指導に選任する教員をつけた事例などもあります。

3　地方政府の政策選択

　地方政府にもある程度裁量があるとはいえ，実際にどのような政策を実施していくかは，地方政府内外の様々な要因に左右されます。あくまで一例ですが，首長が推進する政策と合うかどうか，周辺地方政府・同規模地方政府の動向はどうか，上位政府の実施する政策に合うかどうか，中央政府からの補助金があるかどうかなど，実際の政策形成・決定はとても複雑で，研究上も明らかになっていない部分も多く残されています。

　ここでは地方自治体内の要因として，①首長・議会との関係，②政策の相互参照について見てみましょう。

＊10　東京大学教育学部教育行政学研究室（編著）『分権改革下の自治体教育政策：市町村教育行政の可能性と改革課題：志木市教育行政調査報告書』東京大学教育学部教育行政学研究室「教育行政調査演習」，2004年。
＊11　小川正人（編集代表），品川区教育政策研究会（編）『検証教育改革——品川区の学校選択制・学校評価・学力定着度調査・小中一貫教育・市民科』教育出版，2009年。
＊12　阿内春生「市町村議会における教育政策の修正とエビデンスの不在——箕面市における生徒指導専任教員配置政策を事例として」『教育学研究』82(2)，2015年，pp. 67-78。

195

1　首長・議会との関係

　まず，首長や議会との関係についてです。教育政策を形成していく際，教育委員会が執行機関で，政策の実施まで担うといっても，他部局と連携せずに独自に政策を形成・実施していくことが難しい場合があります。

　そこで大きな論点となるのが予算です。[*13] 学校管理規則の改定など教育委員会の権限に属する政策であっても，その裏づけとなる予算関連の手続きでは首長部局との連携が欠かせません。特に，予算の調製，議会への提案は首長に専属する権限なので，首長の賛成を取り付けておかなければなりません。また，予算は議会の審議・議決を必要とします。そのため，議会の過半数の支持を得ておく必要もあります。

　近年，教育改革に積極的に取り組む地方自治体の首長の登場とともに，予算関連の権限を使う事例も見られます。その是非はともかく，実態として首長などの政治関係者との関係が教育行政にとって重要であることを示しています。また，2014年に地方教育行政法が改正され，教育長の直接任免，総合教育会議の設置など，首長の教育政策への関与を強化する方向で制度が変更されています。こうした制度改革は，首長によって教育政策が変容する可能性が大きくなったことを意味しており，選挙戦の争点となったり，議会と首長の対立で争点化したりと，政治争点化等も起きてくるかもしれません。民主的に選出された政治家（首長・議会）が関わることをよしとする意見も，行政委員会制度の形骸化につながるという批判する意見もあり得る課題だと考えられます。

2　政策の相互参照

　次に政策の相互参照についてです。本章では主に中央政府と地方政府の関係から政府間関係を説明していますが，実際には周辺や同規模の自治体等の政策を参照する場合があります。こうした政策参照は，特定の政策が広まっていく

---

*13　条例案を必要とする場合も，条例案の議会への提出は首長の権限，議決は議会の権限なので，予算を必要とする場合とほぼ同じ。

様を表して政策波及とも言います。

　中央政府と地方政府の政府間関係を「タテ」の関係とするならば，こうした都道府県同士，市町村同士の政策参照や競争は，「ヨコ」の政府間関係です。政策の相互参照は地方政府の革新的政策が周辺自治体に伝播していく過程，ないしは周辺自治体から政策的に取り残されないように地方政府が情報収集する過程と見ることができるでしょう。

　日本の例でいえば，地方自治体内の景観を保全するために設定する景観条例[14]，行政文書の公開方法手続きを定める情報公開条例[15]などでこうした事例が見られ，海外でもアメリカのチャータースクールの広がりについて報告されています[16]。また，都道府県の政策の競争を「水平的政治競争モデル」として分析した研究[17]などもあります。

　教育行政分野でも，例えば市町村が少人数学級のための費用を一部負担する任意の協力金を支払うという独自の方式をとる長野県において，教育委員会関係の協議会（○○県市町村教育長協議会など）などの組織がその情報交換に活用されていることが指摘されています[18]。さらに，こうした情報交換の場だけでなく，複数自治体の行政担当者同士の日常的なやりとりも政策の参照と言えます。

4　地方分権改革

　ここまで述べてきた政府間関係，特に中央地方の関係については1990年代に大きな改革が行われました。それが地方分権改革で，中央政府と地方政府の関係を見直すことです。1999年に成立した「地方分権の推進を図るための関係法

---

* [14]　伊藤修一郎『自治体発の政策革新――景観条例から景観法へ』木鐸社，2006年。
* [15]　伊藤修一郎『自治体政策過程の動態――政策イノベーションと波及』慶應義塾大学出版会，2002年。
* [16]　Mintrom, M. (2000). *Policy Entrepreneurs and School Choice* (*American Governance and Public Policy series*). Georgetown University Press.
* [17]　村松岐夫『地方自治』東京大学出版会，1988年。
* [18]　小泉一磨・貞広斎子「市町村における学級規模縮小政策の政策形成と政策参照――長野県下自治体における30人規模学級編制事業を事例として」『千葉大学教育学部研究紀要』60，2012年，pp. 315-319。

律の整備等に関する法律」(以下,地方分権一括法)を一区切りとし,ここまでを第1次分権改革ということもあります。第1次分権改革には4つの成果があったと指摘されています。4つとは,①機関委任事務の廃止,②国の関与の見直し,③必置規制の緩和・廃止,④国地方係争処理委員会の設置,です。[19]

このなかでも特に教育行政との関わりの深い,①機関委任事務の廃止と,②国の関与の見直し,を見ていきましょう。

1　機関委任事務の廃止

機関委任事務は地方自治法旧第150条に規定されていました。本来的には中央政府が責任をもって担うべきであっても,中央政府が直接行うことが効率や利便性の面から適当でないものを,地方自治体(正確にいうとその長)に委任するものです。機関委任事務は項目数で561(うち都道府県379,市町村182)に上り,都道府県の事務の「7～8割」,市町村の「3～4割」に及んでいたと言われています。[20]

このように機関委任事務は大きな事務負担になっていたばかりでなく,地方自治法旧第150条の「都道府県にあつては主務大臣,市町村にあつては都道府県知事及び主務大臣の指揮監督を受ける」という規定によって,中央政府と都道府県,市町村が上下・主従の関係であるかのように扱われていました。1999年に成立した地方分権一括法では,機関委任事務を廃止し,①自治事務,②中央政府の事務,③法定受託事務,④事務自体廃止,の4つの類型で整理しました(図14-3)。こうして上下・主従の関係にあった中央地方関係は対等・協力の関係になったとされています。

教育行政の機関委任事務廃止の例としては学級編制に関する都道府県の「認可」があげられます。公立小中学校各校で毎年度行われる学級編制は,学級数が教職員の数の算定根拠となっているため(公立義務教育諸学校の学級編制及び教職員定数の標準に関する法律),教職員の人事権をもつ都道府県教育委員会の認可

---

*19　真渕勝『行政学』有斐閣,2009年,pp. 317-325。
*20　地方分権委員会「地方分権推進委員会第1次勧告——分権型社会の創造」1996年。

第14章　政府間関係

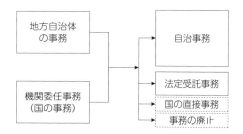

図14-3　機関委任事務の廃止と整理
出所：内閣府「地方分権改革の総括と展望について（補足資料）」より一部改変。

を得る必要がありました。機関委任事務の廃止に伴って，学級編制に関する「認可」は事前の協議を経た上での「同意」へと改められ，2013年度にはさらに届出制へと改められています。この結果，市町村独自の学級編制に裁量が開かれたということができます。これ以外にも学校教育関係では学齢簿の編製，就学校の指定があります。

2　国の関与の見直し

国の関与の見直しとは，地方政府への関与を減らしたり，廃止したりするものです。国からの関与を減らすことで，地方自治体が自律的に行政運営できるようにすることがねらいでした。第1次分権改革においては，教育行政の分野だけでなく全体として，権限の委譲と同じかそれ以上に国の関与規定の見直しが主となったとする指摘もあります[21]。ここでは教育長の任命承認制度の廃止，指導・助言・援助等規定の改正，措置要求規定の削除，について見ていきます。

まず教育長の任命承認制度の廃止についてです。この制度によって都道府県教育委員会の教育長は文部大臣から，市町村教育委員会の教育長は都道府県教育委員会からそれぞれ任命の承認を得なければなりませんでした。こうした規定は教育長に国・都道府県・市町村が相互に責任をもって優れた人材を確保す

---

*21　真渕勝『行政学』有斐閣，2009年，p. 322。

199

るためのものとされてきましたが，地方自治の推進のため地方自治体が自らの責任で教育長を任命できるよう，規定が廃止されました[*22]。[*23]

次に指導・助言・援助等規定の改正についてです。この規定は地方教育行政法第48条に定めていた，文部省から都道府県・市町村，都道府県教育委員会から市町村に対する「指導，助言又は援助」に関する規定です。改正前の地方教育行政法ではこれらを「必要な指導，助言又は援助を行うものとする」としていましたが，地方自治の推進のため「必要に応じて……行うことができる」と改めました。

最後に措置要求規定の削除についてです。これは地方教育行政法旧第52条によって教育行政独自の規定として存在し，法令違反の場合や「著しく適正を欠き，かつ，教育の本来の目的達成の阻害を認める」とき，地方自治体の長や教育委員会に必要な措置を求めることができるとしていました。この規定は一旦廃止され，地方自治法第245条の5による一般的な規定に依ることになりました。しかし，高等学校の地理歴史科未履修問題，いじめ問題の発覚等を背景として，2007年には文部科学大臣の指示（地方教育行政法第50条），是正の要求の方式（同法第49条）として，再度明記され地方分権改革による分権化からの揺り戻しも起きています。

5　出向人事

本章ではここまで，政府間関係について権限，財政，人事の3つの大きな要素のうち権限を見てきました。財政については本書第13章に委ねていますので，ここではもう一つの要素，人事について中央地方の人事上の関係を見ていきます。

[*22] ただし，任命承認制度があった時期（1967年），文部省が承認を行わなかった京都府の事例に基づいて，文部省の承認を経ていない「職務代理だからこそ」独自の行政運営が可能であったとする指摘もある（伊藤正次「公立高等学校入学者選抜政策の比較分析——高度成長期・革新自治体期の京都府と東京都を対象として」『東京大学都市行政研究会研究叢書』16，1998年，pp. 63-94）。

[*23] 中央教育審議会「今後の地方教育行政の在り方について（答申）」（平成10年9月21日）。

日本では中央省庁から地方自治体への出向人事は，古くは，地方自治を阻害し地方自治体をコントロールする手段と捉えられてきました。近年ではそうした規範的な見方からの批判ばかりでなく，地方自治体の側にとってのメリットなど実証的データに基づく研究が蓄積されています。

 国家公務員のキャリアについては，閣議決定（「採用昇任等基本方針」[*24]，最新は2014年6月24日）に基づいて，年度ごとに「人管理運営方針」（内閣総理大臣決定，最新は2018年3月28日）が定められています。このなかでは，民間企業，府省間の交流と並んで地方自治体との人事交流の推進が謳われています。内閣官房から公表されている「国と地方公共団体との間の人事交流の実施状況」[*25]では文部科学省からは2017年10月時点で56人が地方自治体へ出向しています。省庁の側からの出向の目的は，「相互理解の促進及び広い視野を有する人材育成」（「採用昇任等基本方針」）にあるとされています。

 出向人事に関する研究からは，「①中央とのパイプ役，②地元に人材が不足している，③組織の活性化，④大胆な改革の遂行，⑤地方政府内政治における防波堤の役割」の5点から地方自治体が出向者を受け入れていることが指摘されており[*26]，戦後からの時系列的変化でも目的，受け入れの規模などが変化していることが明らかになっています。

 中央政府から教育委員会への出向について，都道府県，政令市，市町村いずれも受け入れの実績があり実証分析がなされています[*27]。その研究によると受け入れの職階も様々で教育長から係長級，学校の教員と幅広いことが明らかにな

[*24] 「採用昇任等基本方針」（閣議決定2014年6月24日）では地方自治体との人事交流について「相互・対等交流を原則として，交流ポストの固定化による弊害の排除に配慮」することとされている。

[*25] 内閣官房「国と地方公共団体との間の人事交流の実施状況」https://www.cas.go.jp/jp/gaiyou/jimu/jinjikyoku/jkj_kt_jissi_h300228.html（2018年8月27日閲覧）。

[*26] 稲継裕昭『人事・給与と地方自治』東洋経済新報社，2000年，p. 104。

[*27] 以下の文献参照。
・青木栄一「文部省から地方政府への出向人事――1977年から2000年までの全825事例分析」『東京大学大学院教育学研究科教育行政学研究室紀要』22，2003年，pp. 19-36。
・青木栄一・伊藤愛莉「文部科学省から地方政府等への出向人事――2001年から2016年までの全798事例分析」『東北大学大学院教育学研究科研究年報』66(2)，2018年，pp. 53-76。
・村上祐介『教育行政の政治学――教育委員会制度の改革と実態に関する実証的研究』木鐸社，2011年。

っています。[28]

なお，地方自治体から文部科学省という方向の出向もあり，2017年10月時点で都道府県から87人，市町村からも20人が文部科学省へ出向しています。[29]

 まとめ

　本章では教育行政の政府間関係を，中央政府と地方政府の関係を中心に権限と人事に注目して見てきました。地方政府も法令の範囲内で政策選択が可能であり，研究上もそうした地方政府の自律性が指摘されてきています。地方政府にとって，中央政府との関係は従属的なものではなく，対等の関係のなかで工夫次第で多様な施策が実現可能になっています。

　これは，教育行政の領域でも同様です。1990年代には中央政府と地方政府の在り方を大きく転換する地方分権改革が行われました。機関委任事務の廃止などは教育行政分野にも大きな影響を及ぼしています。地方自治体では，限られた権限と予算を工夫して独自の教育政策を実施することが可能になっています。そうした事例では，土曜授業，多忙化対策，教育課程編成など多様に展開されています。

　なお，教育行政の政府間関係を理解する上で，「教育行政以外の」政府間関係を理解することが欠かせません。行政学のテキストの多くに「政府間関係」「中央地方関係」の章があります。是非これらも参照して下さい。

 さらに学びたい人のために

○青木栄一『教育行政の政府間関係』多賀出版，2004年。
　　地方政府の自律性について質的・量的データに基づいて立証し，地方政府の政策研究の嚆矢となった研究です。本研究をきっかけに地方教育行政の実証研究が隆盛しました。

○村上祐介『教育行政の政治学――教育委員会制度の改革と実態に関する実証的研究』木鐸社，2011年。
　　教育委員会制度を事例として，教育行政の他領域と比較しての特性を論じた

＊28　青木栄一・伊藤愛莉「文部科学省から地方政府等への出向人事――2001年から2016年までの全798事例分析」『東北大学大学院教育学研究科研究年報』66(2)，2018年，pp. 53-76。
＊29　内閣官房「国と地方公共団体との間の人事交流の実施状況」https://www.cas.go.jp/jp/gaiyou/jimu/jinjikyoku/jkj_kt_jissi_h300228.html（2018年8月27日閲覧）。

研究です。他の政策領域との「違い」が強調されてきた従来の研究に対して，むしろ共通性があることを指摘しました。

○小川正人『教育改革のゆくえ——国から地方へ』筑摩書房，2010年。
　　長年実際に改革に携わってきた著者が，入門者にもわかりやすく教育の地方分権改革について記述しています。また，わかりやすさだけでなく，義務教育費国庫負担金の返還についてなど（当時）最新の研究知見も反映されています。

第15章

中央政府
──全国的な教育水準保障のための条件整備──

● ● ● 学びのポイント ● ● ●

- 中央政府は，全国どこでも一定水準の初等中等教育が受けられるように，教員配置や教育内容に関する全国的基準・ルールを定めたり，それを維持するための財政支援などを通じて，学校教育の基盤整備を行っていることを理解する。
- 中央政府のなかで教育行政を主に担う文部科学省の組織について理解する。
- 文部科学省以外にも，中央政府の様々な組織が教育行政に関わっていることを理解する。
- 教育政策の企画立案についてどのような主体が，どうやって行っているか，その実際の様子を知る。

WORK 文部科学省で働く人はどんな人？

　文部科学省のウェブサイトにアクセスして、「採用案内」のページを見てみましょう。
　「トップ」→「白書・統計・出版物」→「パンフレット」→「採用案内」の順でたどりつけます（http://www.mext.go.jp/booklet/1294825.htm）。
　そこでは、総合職、一般職別の採用案内が掲載されていますので、ダウンロードしてみましょう。
　さて、各資料を参考にして、次の作業に取り組んでみましょう。

① 文部科学省の職員はどのようなことを考えて志望したでしょうか。それは総合職と一般職で異なるでしょうか。パンフレットの情報をもとに調べてみましょう。

② 入省後どのような仕事をしているのかをパンフレットの情報からまとめてみましょう。例えば、誰と会うのか、どこで仕事をしているのか、仕事上の困難をどう克服するのかなどを調べてみましょう。

③ 文部科学省の職員は、入省後どのようなキャリアパスを歩むのでしょうか。パンフレットを読んで、入省直後、5年後、10年後、20年後というように入省後の年数によって仕事がどう変化するかに注目して調べてみましょう。

第15章　中央政府

● 導　入 ●

本章では，初等中等教育に関して中央政府が果たしている役割と，中央政府のなかで教育行政を主に担う文部科学省の組織や，その政策立案の在り方について学習します。

教師が教え，児童生徒が学ぶ場所が学校です。その学校の管理運営は設置者（公立学校の場合，市町村や都道府県といった地方自治体）が行います。文部科学省という名前を聞いたことがある人は少なくないと思いますが，文部科学省は何をしているのでしょうか。

本章を通じて，中央政府が初等中等教育のために果たす役割について考えてみましょう。

【担当部門】
　文部科学省（総合教育政策局，初等中等教育局）
【重要法令】
　国家行政組織法，文部科学省設置法，国家公務員法
【重要答申類】
　文部科学事務次官事務代理通知「文部科学省設置法の一部を改正する法律等の施行（文化庁の組織再編）及び文部科学省組織令の一部を改正する政令の施行（総合教育政策局及び文教施設企画・防災部の設置）について（通知）」（平成30年9月28日）

1 中央政府の役割

1　均等な教育機会の保障

政府は国レベルと地方レベルに分かれています。すでに本書第12章で見たように，初等中等教育の実施主体は地方レベルの政府（自治体）です。市町村は公立の小中学校，都道府県は主に公立高校について，それぞれ設置管理の責任を負っています。公立小中学校で働く教員は市町村の職員ですし，公立高校の教員の多くは都道府県の職員で，いずれも地方公務員です。そうであれば，中央政府は必要ないのかといえば，決してそうではありません。

初等中等教育に関する中央政府の役割は，どんな地域でも全国的に一定水準の教育サービスの提供が保障されるよう条件整備を行うことです。各地域は，経済的に豊かで税収も豊富な所もあれば，そうした条件に恵まれない地域もあります。こうした地域格差が存在するなかで，教育サービスを文字通り地方自治体だけの責任で行おうとすれば，当然そこに教育水準の格差・不平等が生じます。実際，分権的で地域自治の伝統が根強いアメリカでは，同じ州内であっても学区によって学校施設や教員の賃金に大きな格差が存在しています。それに対して，日本では学校施設や教職員配置に関する全国的基準（標準）が設定され，その基準を支えるための財政支援制度が整備されています[*1]。

　なかでも，義務教育費国庫負担金は教育の機会均等を具現する上での根幹をなす制度です。義務教育は学校数が多く，そこに勤務する教職員の給与費は莫大なものとなります。この給与費の3分の1を国が負担するのがこの制度です。このための予算として毎年約1兆5,000億円があてられています。これは文部科学省予算の3割近くに及ぶもので，この制度が占める比重の大きさを示しています[*2]。

　残りの3分の2は都道府県が負担しますが，これも地方交付税（一般財源）として中央政府から財政移転されるしくみになっています。この交付税制度を管理するのは地方行財政全般を所管している総務省です。この意味で，文部科学省だけでなく総務省も地方自治体の教育サービス提供の在り方に大きな影響力をもっているわけです。

　また，高等学校教育についても学校施設や教職員配置に関わる基準（標準）と財政支援の制度があり，それに対応して地方交付税が措置されるというしくみになっています。このように，地方自治体によって提供される教育サービスは，財政支援を中核とした中央政府による様々な制度的支援があってはじめて成り立っているのです。

　このほか，教育内容に関する全国的基準としての学習指導要領の策定や，そ

---

*1　財政政策に関しては，本書第13章，第16章も参照。
*2　文部科学省予算5兆3,097億円のうち，義務教育費国庫負担金は1兆5,248億円で28.7％を占める（2017年度ベース）。

れに基づく教科書の検定を中央政府が行っています。日本では義務教育学校への教科書無償配付の制度がありますが，これも中央政府の予算で賄われています。

2 何をどこまで中央政府が責任を負うべきなのか

このように中央政府は，地方自治体が提供する教育サービスの全国的な均等化に大きな役割を果たしていますが，何をどこまで均等にすべきかについては確定した範囲があるわけではありません。義務教育を無償とすべきことは憲法に規定されていますし，公立学校が具備すべき教育条件（施設・教員配置や教育内容）に関しても一定の全国的水準が制度化されています。

しかしこれらについても，既存の制度水準が将来も維持されるかどうかは保証の限りではありません。特に財政危機による歳出削減圧力が強まっているなかでは，一度確立した制度であっても縮小・削減，時には廃止されることさえあります（高校授業料無償化はその一例です）[*3]。限られた財源のなかで，様々な公共サービス分野間での優先順位をどうすればよいのか（例えば高齢者介護と子どもの貧困対策のどちらを重視すべきか）。教育分野のうちでも，初等中等教育と高等教育とをどの程度の配分で重視すべきか。分け合うべきパイの大きさが限られている以上，どこかの取り分を増やせば，別のどこかを減らさざるを得ません。こうした問題を考えていくと，制度とは，それが一見どれほど堅固なものに見えても，常に変わり得るものだということがわかります。

日本国憲法はその前文で，「国政」は主権者である国民の「信託」に基づき，その「権力は国民の代表者がこれを行使し，その福利は国民がこれを享受する」と定めています。教育サービスは国民が享受すべき「福利」の重要な要素です。しかし，それ以外の分野でも私たちが健康で文化的な生活を送るために不可欠な「福利」サービスはあります。それらの公共サービスのどの分野をどの程度まで中央政府の責務とするのか。この判断のいかんによって，制度の設

＊3　民主党政権期に導入された同制度は，その後，自民党政権によって変更され，2014年から一定の所得層以下への限定適用となった。

計も変わってきます。そして，最終的にこれは，税の負担者である主権者国民が判断しなければならない問題なのです。

2　中央政府の組織

1　文部科学省の組織

　文部科学省は中央政府において教育行政を担う中心的な組織です。ただし，この章で見るように，文部科学省以外にも教育行政に重要な関わりをもつ省があり，逆に文部科学省は教育の仕事だけをやっているわけではありません。現在の文部科学省は，2001年の中央省庁再編において旧文部省と旧科学技術庁が統合してできました。大臣官房，国際統括官のほか，6局で構成されますが，図の上から3つの局（総合教育政策局，初等中等教育局，高等教育局）が旧文部省系，残りの3局（科学技術・学術政策局，研究振興局，研究開発局）が旧科学技術庁系を引き継ぐものです（図15-1）。なお，文部科学省には図示した内部部局以外に，外局として文化庁とスポーツ庁が置かれています。政策内容の特性に鑑み，本省とは相対的に独立した組織となっています。

　このほか，学識経験者や関連諸団体の意見を反映させながら教育の重要政策について審議する機関として，中央教育審議会が設置されています。

2　文部科学省で働く公務員

　文部科学省の近年の職員数は，1,750人前後です。国家公務員の採用は，主に人事院による共通の試験（国家公務員試験）に合格した者のなかから各府省が面接等を行って採用するというかたちで行われます。各省の人事管理の基礎となっているのは採用試験の種類で，総合職試験（かつての国家公務員Ⅰ種試験）に合格し採用された者をキャリア，一般職試験（かつての国家公務員Ⅱ種試験およびⅢ種試験）に合格し採用された者をノンキャリアと呼ぶ慣行があります。文部科学省でも，キャリアは，幹部候補生として主に政策の企画・立案を担当

第 15 章 中央政府

図15-1　文部科学省の組織図

注：2018年10月16日現在。
出所：文部科学省「組織図・各局の紹介（平成30年度　10月16日現在）」より筆者作成。

しながら局をまたがる異動をし，幅広い政策の専門性とともに判断力を養うように育成されます。キャリアの昇進スピードは速く，入省後2～3年で係長，7～8年で課長補佐になります。キャリアは事務次官まで昇進する可能性があり，局長や部長，課長といった幹部職員のほとんどはキャリアです。一方，ノンキャリアは主に政策の実施を担当し，一つの局のなかで異動してその局に関わる専門性を養うことが多いです。昇進スピードがキャリアより遅く，入省後約10年で係長，17～18年で一部が課長補佐になり，課長以上まで昇進する者はごく少数です。

　これらの事務系の職員以外に，専門的な内容を担当する職員もいます。例えば，初等中等教育局教科書課で教科書検定を担う教科書調査官（約50人）や，同局教育課程課で教育課程行政を担う教科調査官（約40人）などです。これらの職には，もともと公立の小・中・高等学校の教員や大学教員を務めていた人が，国家公務員試験を経ずに採用されます。

　また，文部科学省には，各都道府県，市町村の教育委員会，学校等に所属する教職員が，1～数年の間，国の文部科学行政に携わる研修制度（地方教育行政実務研修）があります。これらの教職員は各課に配置され，文部科学省の職員と一緒に国における初等中等教育行政などに携わり，経験と理解を深め，また，それぞれの所属元に戻ります。

3　内部組織の編制——「タテ割り」と「ヨコ割り」

　省内における政策の企画立案と実施の基本単位は課です[*4]。課の名称を見ることで，各局がどんな政策領域を担当しているのか，ある程度推測することができます（図15-1参照）。例えば，初等中等教育という領域を所管するのが初等中等教育局で，そのなかに財務課や教科書課などが設置されています。

　局・課の編制は，基本的に担当する領域区分ごとの「タテ割り」になっています。既定の制度を前提とした政策実施業務は，これらタテ割り組織を中心と

＊4　大森彌『官のシステム』東京大学出版会，2006年，p. 139。

して行われます。またこれらは，各領域に対応した「業界関係者」をもっています。例えば，教育長などの地方教育行政関係者の団体や各校長会，PTAの全国団体などです。タテ割り編制は，こうした各「業界」団体との関係を系列化する組織原理でもあるわけです。文部科学省の政策形成は「現場ニーズの積み上げ」[*5]型が主流だと言われるのは，こうした事情に基づいています。

他方で，法令の制定・改正や予算要求については，省としての全体的取りまとめをした上で，外部組織との折衝を経る必要があります。省としての取りまとめ作業には「ヨコ割り」による調整が求められます。こうした省内横断的な総合調整を行うのが大臣官房です。大臣官房で取りまとめられた法令案や予算案は官房長（格付けは局長と同格）を経て，さらに上位の事務次官，政務三役（大臣政務官，副大臣，大臣）へと上がっていきます。

4　調査を基盤とした政策立案機能の強化——新たな「ヨコ割り」組織

大臣官房以外は基本的に領域区分によるタテ割り局（官房に対比させて原局とも言います）ですが，もう一つヨコ割り機能をもつ局として総合教育政策局があります。これは旧生涯学習政策局を大幅に改組して新設されたものです（2018年10月）。その眼目は，教育政策全体を総合的・横断的に推進する態勢を強化することにあります。

財政危機の深刻化に伴い，近年は政策効果や制度の必要性について客観的根拠に基づく説明責任が強く求められるようになっています（いわゆる「エビデンス」に基づく政策形成・評価）。教職員配置に関わる財政支援制度に対しても，中央政府全体の予算を所管する財務省から，常に縮減圧力がかかっています。従来までのように制度が安定していた時代なら，ひたすら頭を下げて頼むという「お願いベース」[*6]の折衝で何とかなっていたとしても，今後は手をこまねいていると制度の存続すら危うくなりかねません。こうした事態に対応するために

---

* 5　前川喜平「文部省の政策形成過程」城山英明・細野助博（編著）『続・中央省庁の政策形成過程——その持続と変容』中央大学出版部，2002年，p. 197.
* 6　寺脇研『文部科学省——「三流官庁」の知られざる素顔』中央公論新社，2013年，p. 98.

は，情報の体系的収集・調査を基盤とした政策立案機能の強化が不可欠です。総合教育政策局（特に政策課をはじめとする3課）の設置はこれに応えようとするものと言えるでしょう。

なお，教員養成に関しては，これまで初等中等教育局と高等教育局に分属していたものが，教員の養成・採用・研修の一体的推進の方向を受けて，総合教育政策局の教育人材政策課に統合されました。

3 教育政策の企画立案の実際：教職員定数の充実に着目して

1 教職員定数の充実

教育政策の企画立案の実際を，学校と特に関わりが深い制度の一つである教職員定数に着目して見ていきましょう。中央政府は，義務教育と高等学校教育のそれぞれについて，教職員定数の標準を定める法律（公立義務教育諸学校の学級編制及び教職員定数の標準に関する法律，公立高等学校の適正配置及び教職員定数の標準等に関する法律）を制定しています。義務教育費国庫負担金や地方交付税として中央政府から地方自治体に財政移転される金額は，それらの法律によって算定される教職員定数を基に決まります。また，各都道府県・政令指定都市の教育委員会が実際に学校に配置する教職員数の目安ともされており，実質的に教職員配置の最低基準として機能しています。中央政府は，この法律により算定される教職員定数を増やすことを通じて，全国的に必要な教職員数の確保を可能にし，学校教育の水準向上を図っています。[*7]

ここでは，2016年度に学校指導体制の強化を目的として行われた教職員定数の充実に関わる政策過程を取り上げます。教職員定数には，児童生徒数や学校数などに応じて必要な教職員数が算定される「基礎定数」（例えば，40人の児童生徒につき1人の教員，など）と，特定の政策目的や各学校が個々に抱える課題を踏まえて配分される「加配定数」があります。2016年度の制度改正では，そ

---

*7　詳細については，本書第13章参照。

れまで加配定数で措置されていた，発達障害等の児童生徒への特別の指導（通級による指導）や日本語能力に課題のある外国人児童生徒への指導などに必要な教員定数の基礎定数化が行われました。これによって，各学校に必要な教員を教育委員会が安定的・計画的に採用・配置することが可能になりました。

このような予算措置が伴う政策は，中央政府全体の予算編成過程に合わせて企画立案されます。[*8]

2　財務課長の一年と一日

文部科学省で義務教育費国庫負担制度や教職員定数を担当するのは，初等中等教育局財務課です。2016年度当時の財務課長の協力を得て[*9]，その時の一年間の仕事内容（表15-1）と，ある一日の仕事のモデルケース（表15-2）を示しました。

3　教育政策の企画立案に関わる制度と組織

財務課長の一年と一日からは，文部科学省が，省内や教育委員会，教育関係団体だけでなく，様々な外部の組織と調整し，説得を試みながら，政策の実現を図っていることが垣間見えます。

中央政府全体の翌年度に向けた予算編成過程は，6月頃に行われる「骨太の方針」の閣議決定から始まり，8月末の概算要求，12月下旬の政府予算案決定，1～3月の国会での審議，と長い期間にわたって行われます。概算要求は「骨太の方針」やその一部として策定される「経済・財政再生計画」に則って行うことが求められるので，それらを議論する経済財政諮問会議の動向は各府省に大きな影響を与えています。経済財政諮問会議は内閣府が所管する重要政策に

---

*8　一方，本書第6章で取り上げられている学習指導要領の改訂のようなルールを策定する政策は，必ずしも予算措置が必要でないものもある。
*9　ご多忙のなか，ご協力くださった矢野和彦氏（財務課在任期間：2015年8月～2017年3月）に心より感謝いたします。

表15‐1　財務課長の一年

	2015年6月に「経済財政運営と改革の基本方針2015（閣議決定。いわゆる「骨太の方針」）」の一環として策定された「経済・財政再生計画」に基づき，10年程度を見通した，「予算の裏付けのある教職員定数の中期見通し」を策定することが求められた。 このため，省内に教育担当の義家副大臣を座長とする「次世代の学校指導体制強化のためのタスクフォース」（以下，タスクフォース）を2015年11月に設置し，中期的な今後の教職員定数の在り方などの検討を開始。
2016年 4月	タスクフォースの中間まとめを公表（通級指導，外国人児童生徒等に必要な教員の基礎定数化等を提言）し，義家副大臣が会見した。同時に与党や財政当局（財務省，総務省）への説明も行った。新聞等で比較的大きく取り上げられた。しかしながら，報道を担当する記者にとっては，通級指導などの基礎定数化の意義がわかりにくかったようで，わかりやすく伝えることの必要性を痛感。 例年同様，財政制度等審議会で教職員定数に関する議論が行われた。この段階では，単純な学級編制基準の引き下げ（例えば，40人学級を35人学級に）には財政事情から反対する財政当局も，現場の具体的なニーズを踏まえた通級指導や外国人児童生徒等に必要な教員の基礎定数化については比較的好意的だった。
5月	財政制度等審議会建議公表 （タスクフォースの中間まとめを踏まえた内容）。
6月	「経済財政運営と改革の基本方針2016　　　　　2017年度 （いわゆる「骨太の方針」）」閣議決定　　　　　概算要求 （文教予算についてエビデンスに基づ　　　　　内容検討 く予算要求が求められた）。
7月	7月下旬，タスクフォースの最終まとめを副大臣より公表し，概算要求の具体的な内容も同時に決定。
8月	下旬，概算要求の教職員定数改善等についての与党説明をいつもの年より早く，かつ，広範に行った。 財務課長は，教職員定数改善だけではなく，初等中等教育局全体の予算も取りまとめる。一つひとつの予算が学校につながっているので，丁寧な対応が必要。 8月下旬に概算要求記者ブリーフィングを行った。
9月	概算要求内容について財務省主計局への説明を行った。 通級指導や外国人児童生徒等に必要な教員の基礎定数化がなぜ必要なのか，その具体的な効果について「エビデンス」を求められた。特別支援教育課や国際教育課と連携，協働して資料を作成。 都道府県教育委員会等から具体的な数値，例えば，不登校状態だった児童生徒が対人関係改善のための通級指導を受けて登校できるようになった数値や日本語指導を受けて高校進学率が抜本的に改善された状況を教えてもらい，わかりやすい数値にして示した。 これに対して財務省からは「教員配置の効果が立証されただけでは足りない。特別教育支援員や日本語指導支援員その他の補助員などとの役割分担，配置の合理的な割合などについてエビデンスが必要だ」との反論がなされた。文部科学省からは「現場ごとに実情が異なっており，教員，支援員などとの適切な割合を全国統一的に示すのは難しい」と反論。春の段階では比較的好意的だった財務省もいざ具体的な予算折衝となれば当然厳しくなる。 9月20日，経済財政一体改革推進委員会において，タスクフォースの最終まとめを紹介。この年は前年と比較すると教職員定数に関する激しい議論は行われず，教職員定数の在り方についてのエビデンスに関する議論が主になされていた。教員勤務実態調査の実施についても紹介。

10月	行政事業レビューにおいては，通級指導や外国人児童生徒等に必要な教員の効果（エビデンス）について，有識者から「一部地域でのデータでは足りない。全国的なデータが必要」との見解が示された。
11月	財政制度等審議会財政制度等分科会において，義務教育費国庫負担金についての考え方が示された。5月に公表された同審議会の建議と比較すると，文部科学省の考え方とかなり違ってきてしまったので，文部科学省の考え方を数値，グラフなどの具体的なエビデンスを示し，ウェブサイトで公表し，国民に理解を求めた。マスコミの反応はまずまずだったものの，やはり「通級指導」はわかりにくいという感想が漏れてきた。予算要求はわかりやすくすることが大きなポイント。 副大臣，文部科学審議官，初等中等教育局長，財務課長を中心に断続的に財務省との折衝を行ったが，なかなか着地点が見えず。
12月	12月初旬，ギリギリのタイミングで，基礎定数化のレート，教員加配の人数について，妥協案を提示。なんとか大臣折衝につながった。 12月19日，麻生財務大臣と松野文部科学大臣の大臣折衝が行われ，通級指導や外国人児童生徒の指導などのための教職員定数について，これまで加配（毎年度必要に応じて措置）で対応してきたところを，通級指導は対象児童生徒13人に対して教員1人など，対象児童生徒数等に応じて教員を配置する基礎定数化し，安定的・継続的に指導できるようにすることとなった。要求したものからは減額されたが，制度改正は16年ぶりのことであり，ほぼ満足のいく結果。 予算は22日に閣議決定されたが，直ちに，法律（公立義務教育諸学校の学級編制及び教職員定数の標準に関する法律。いわゆる義務標準法）の改正が必要なため，内閣法制局や省内調整を急ピッチで進める。担当者たちは連日いわゆる「タコ部屋」で深夜までの作業が続く。
2017年1月	都道府県・指定都市教育委員会へ2017（平成29）年度予算（主に教職員定数）について説明。通級指導などの教員が増える一方で，減少する教員加配もあるので主に定数減が見込まれる県への丁寧な説明が必要。 通常の義務標準法の改正とは異なり，今回は，いわば「学校教育力強化法案」と銘打ち，学校教育法など多数の法律を同時に改正し，「共同学校事務室」の制度化，学校運営協議会設置の努力義務化，地域学校協働活動推進員の規定の整備など，学校の指導・運営体制を充実し，地域との連携・協働を含めた学校運営の改善を図るという，これまでの法改正とは違うスケールの大きなものとなった。 前例にない法律案になったため，内閣法制局との間で法律案の作成の仕方をめぐり何度もやり取りが行われ，法案作成担当者たちは，細かい作業を連日深夜まで行った。
2月	義務標準法の改正はいわゆる「日切れ扱い」（年度内に法律改正を終える必要がある法律案のこと）なので，内閣法制局の審査終了後，関係府省との協議，与党審査を経て，2月上旬に法律案を閣議決定し，国会に提出。 閣議決定直前の与党審査では，与党議員（政務調査会・部会メンバー，総務会メンバー）に対して，初等中等教育局と生涯学習政策局の局長，審議官，課長以下，総出で説明を行い，理解を求めた。 法律案の審議前に野党への説明を行い，理解を求めた。
3月	衆議院・参議院で法律案の審議。提案理由説明が3月8日に行われ，衆議院で5時間，参議院で3時間30分審議され，3月27日の参議院本会議で法案が可決成立し，4月1日から施行。なお，野党も含め全会一致で成立。

注：教職員定数充実に取り組んだ2016年度を中心に紹介する。
出所：2016年度当時の文部科学省初等中等教育局財務課長の協力を得て筆者作成。

表15-2　予算要求シーズン（9～12月）の財務課長のある一日

	起床後，各放送局のニュースや情報番組を視聴し，教職員定数の折衝状況についての報道ぶりを確認
8:00	与党の部会などに出席し，教職員定数の予算折衝の状況について説明，質疑応答
9:00	登庁，教職員定数についての新聞各紙報道ぶりを確認 政務三役（大臣，副大臣，大臣政務官）へ予算折衝の状況を報告
10:00	省内「次世代の学校指導体制強化のためのタスクフォース」を副大臣出席のもと開催し，予算折衝の状況をタスクフォースのメンバーに報告。
11:00	副大臣のぶら下がり会見への同席
12:00	与党議員へ予算折衝の状況説明
13:00	教職員定数についての省内打合せ（局長，審議官，財務課職員等），財務課職員への具体的な作業の指示
14:00	与党議員へ予算折衝の状況説明
15:00	知事会，市長会，町村会，都道府県教育長協議会，全連小，全日中などの関係団体との打合せ
16:00	教職員定数改善に必要な予算について財政当局へ説明
17:00	与党議員へ予算折衝の状況説明
18:00	新聞記者との懇談
19:00 ～ 22:00	ワーキングディナー（与党議員，関係省庁など）
	帰宅

出所：2016年度当時の文部科学省初等中等教育局財務課長の協力を得て筆者作成。

関する会議の一つで，議長は内閣総理大臣が務め，議員には財務大臣や総務大臣も入っており，政府全体の予算をマクロとミクロの両面から総合的に検討する役割を担っています。経済財政一体改革推進委員会は，この経済財政諮問会議の専門調査会として設けられ，学識経験者が構成員となっています。

　もちろん，財政当局である財務省や総務省への説明も欠かせませんし，財務省の審議会である財政制度等審議会の審議も無視することができません。与党議員や報道機関には，要求内容を説明して良い政策であると理解してもらえれば，応援が期待できます。そのためには，政策の内容やその期待される効果を，わかりやすく説明しなければなりません。

　政策の実現に法律の制定や改正が必要な場合には，内閣が提出する法律案す

べてを審査する組織である内閣法制局の審査も必要となります。また，閣議決定に先立ち，政権与党の了承を得る与党事前審査も慣行として定着しています。自民党の場合は，政務調査会での事前審査と総務会での承認を行います。それらの審査等を経て閣議決定された後，国会に法律案を提出し，衆議院と参議院での審議を経て，ようやく成案となるのです。

　以上のように教育政策の企画立案は，文部科学省や教育委員会，教育関係団体といった教育関係者だけで行われるのではなく，幅広い関係者（「アクター」とも言います）との調整が欠かせないものとなっています。そのため，教育関係者ではないアクターに向けても，教育政策の必要性をわかりやすく説明するためのエビデンス（政策効果や制度の必要性についての客観的な根拠）がますます求められるようになっているのです。

 まとめ

　中央政府が学校教育のために果たす中心的な役割は，全国的に一定水準の教育が行われることを保障するために，学校が守らなければならないルールを決めたり，予算を確保して学校施設や教職員配置などの基盤整備を行うことです。
　中央政府のなかで教育行政を主に担っているのは文部科学省で，その組織は初等中等教育などの領域ごとに置かれる局，その下に置かれる政策の企画立案と実施の基本単位である課に分かれています。政策の実現に向けて，各領域に対応した「タテ割り」の組織と省全体の調整を行う「ヨコ割り」の組織が連携しています。
　教育政策の企画立案は，教育関係者以外の幅広い関係者との調整が欠かせないものとなっており，財政危機の深刻化とあわせて，エビデンスに基づく政策形成が求められるようになっています。

 さらに学びたい人のために

○伊藤正次・出雲明子・手塚洋輔『はじめての行政学［新版］』有斐閣，2022年。
　　行政学を初めて学ぶ大学生に向けて書かれた教科書です。中央政府全体の組織編制や国家公務員制度，予算編成のプロセスなどを解説しています。文部科学省もその一部である中央政府の行政組織全体に通じる現行制度の基本を学ぶ

ことができます。

○城山英明・細野助博（編著）『続・中央省庁の政策形成過程——その持続と変容』中央大学出版部，2002年。

2001年に行われた中央省庁再編前の各省庁における政策形成過程の実際を，それぞれの省庁で働く官僚が書き表し，研究者が比較分析を行った書籍です。文部科学省の前身である科学技術庁（第1章）と文部省（第6章）の政策形成の実際が示されています。

○寺脇研『文部科学省——「三流官庁」の知られざる素顔』中央公論新社，2013年。

1975年に旧文部省に入省し，複数の課長，大臣官房審議官や文化庁文化部長を務めた後，2006年に退官した元キャリア官僚が，教育委員会・他省庁・国会議員と文部科学省の関係や，文部科学省の省内の様子などについて，実体験をもとに説明しています。

第 16 章
教育制度の法体系と原理
——教育の機会均等の実現に向けて——

●　●　●　学びのポイント　●　●　●

- 日本国憲法第26条が保障する「教育を受ける権利」の意味について理解する。
- 新旧教育基本法の比較を通じて，それぞれの構造と特徴を理解する。
- 憲法・教育基本法で最も重視されている「教育の機会均等」が，現代においても大きな政策課題となっていることを理解する。
- 現実の社会の変化に則して「教育の機会均等」理念の多様な解釈が可能であることを理解する。

WORK 「教育を受ける権利」について考えよう

　本章を学ぶ前に,「教育を受ける権利」や「教育の機会均等」に関連する以下のことについて,まずは自分の考えを書いてみましょう。書き出したら,各項目についてグループ内で紹介し合い,意見の違った点について話し合ってみましょう。

① あなたは普段,「権利」と「義務」をどのような意味で使っていますか。また,両者の関係について考えてみましょう。

② 子どもに「教育を受ける権利」を保障するのは誰でしょうか。関係する主体をできるだけ多くあげてみましょう。

③ 「義務教育」とは誰（どのような主体）に対する誰（どのような主体）のどのような義務だと思いますか。考えてみましょう。

④ 教育を受けるためにかかる費用は,授業料以外にどのようなものがあるでしょうか。そのなかで,無料（無償）とすべきなのはどれですか。理由も考えてみましょう。

⑤ 教育基本法第16条では教育が「不当な支配」に服してはならないと記されていますが,誰が,どのような要求を学校や教育委員会に行うことが「不当な支配」にあたるでしょうか。その例を考えてみましょう。

⑥ 第1条で「教育の機会均等」が掲げられている法律がいくつあるか,調べてみましょう。

⑦ 今の日本で,教育を受ける機会が十分に保障されていないのは,どのような人たちでしょうか。その例を考えてみましょう。

第16章 教育制度の法体系と原理

● 導入 ●

本章では，はじめに日本国憲法第26条の解釈について，その文言に即しながら学んでいきます。次に，教育基本法について，旧法（1947年制定）の内容を確認した上で，新法（2006年制定）で改正された点に注目し，この法律の構造と特徴について学んでいきます。さらに，現代の教育課題のうち，憲法・教育基本法が重視する「教育の機会均等」に関わるものとして，貧困家庭の子どもと外国人の子どもへの教育機会保障の在り方について学びます。最後に，以上のような現代的課題の台頭に応じて，「教育の機会均等」理念の再構築が求められていることを学びます。

【担当部門】
　文部科学省総合教育政策局，内閣府政策統括官（共生社会政策担当），都道府県・市町村教育委員会「学校教育課」，都道府県・市町村首長部局「子ども政策局」[*1]など

【重要法令】
　日本国憲法，教育基本法，子どもの貧困対策の推進に関する法律

【重要答申類】
　中央教育審議会「新しい時代にふさわしい教育基本法と教育振興基本計画の在り方について（答申）」（2003年3月20日）
　中央教育審議会「第3期教育振興基本計画について（答申）」（平成30年3月8日）

1 日本国憲法における教育関連規定

1 「教育を受ける権利」の意味

　日本国憲法は第26条第1項において，「すべて国民は，法律の定めるところにより，その能力に応じて，ひとしく教育を受ける権利を有する」と定めています。また，続く第2項では，「すべて国民は，法律の定めるところにより，その保護する子女に普通教育を受けさせる義務を負ふ。義務教育は，これを無

---
*1 子どもに関連する教育・保健・福祉等の業務を一元化した部署。自治体によって設置されていない場合もあり，名称も様々である。

償とする」と定めています。

　はじめに，第1項にある「能力に応じて，ひとしく」の意味について考えてみましょう。憲法学の多数説（「能力程度主義」説）では，成績優秀だが家庭の経済事情などで教育を受けられない人に教育機会を保障するものとされてきました。この理解にも一定の積極的側面はありますが，問題となるのは，テストの成績という人間の成長における特定の時点の限られた側面のみで能力を捉えている点です。このような意味での能力の程度によって，受けられる教育に差をつけてもよいということになれば大きな問題となります。こうした解釈の余地があることへの批判は早くからなされ，教育法学の通説（「能力発達保障主義」説）では，すべての子どもが各自の能力発達上の必要に応じた教育を保障されるべきという意味として理解されています[*2]。いわば，能力の質的多様性を前提に，可能な限りその発達に向けた教育を受けられるようにすることが求められているのです。こうした解釈に基づいて，例えば障害者の教育を受ける権利の保障が積極的に求められ，その質の改善が図られてきました[*3]。何を能力と捉えるかにより，解釈が分かれるところですが，ここでは，能力の多様性に応じた学習の機会をすべての国民に保障するものとして理解しておきます。

2　「教育を受けさせる義務」の意味

　第2項の意味を正しく捉えるためには，一般的な権利と義務の関係をあらかじめ理解しておく必要があります。通常は，権利を有する主体に対して，その権利を保障する義務を負う主体が言外に設定されます。例えば，憲法第23条「学問の自由」や第21条「集会・結社・表現の自由」などは，これらの自由を行使する権利を国民が有するのに対して，これらを保障する，あるいは侵害しない義務が国に課せられていることになります[*4]。本条第1項についても同様で

[*2] 廣澤明「第4条（教育の機会均等）」荒牧重人ほか（編）『教育関係法（新基本法コンメンタール）』日本評論社，2015年，pp. 17-18。
[*3] 障害者の教育については，本書第5章参照。
[*4] したがって，「権利には義務が伴う」という言葉を，義務を果たすことが権利を行使する条件である，という意味で理解することは誤りである。

あり，国民の「教育を受ける権利」に対して，文言上明示されてはいないものの，国や地方公共団体には当然にその権利を保障する義務があることになります[*5]。

　第2項では，特に子どもの場合に「教育を受ける権利」を確実に保障するために，その保護者に対して普通教育（すべての人々に必要とされる一般的・基礎的な教育）を受けさせる義務を課しています。そもそも，保護者には民法第820条の「監護及び教育の権利義務」や憲法第13条の「幸福追求権」，第20条の「信教の自由」などを根拠として一定の「教育の自由」が認められると理解されていますが[*6]，第2項は，普通教育に関して，こうした「教育の自由」のなかに論理的に含まれる「教育しない（教育を受けさせない）自由」を抑制し，普通教育を確実に受けさせる義務を明示したものと理解することができます。この部分が，学校教育法では一条校への就学義務（第17条）として具体化され，その違反には罰則（第144条）が設けられています。このような，「教育を受ける権利」を就学義務によって保障することを原則とする法制度については，不登校やフリースクールをめぐる議論のなかで再検討が求められています[*7]。

　第26条第2項の後段の規定については，無償の範囲にどこまで含めるかをめぐって意見が分かれてきました。多数説では，授業料の不徴収の意味で捉えられてきましたが（授業料不徴収説），授業料にとどまらず教科書費，教材費，学用品費など就学に要するすべての費用を国と地方公共団体が負担すべきだとする「就学必需費無償説」も有力な説として唱えられています。実際の制度としては，義務教育の段階では教科用図書の無償制が早くから確立しており，生活保護世帯の子どもについては，学用品費，交通費，修学旅行費を国が援助する制度も確立しています（就学援助制度）。また，近年では，高等学校の授業料についても所得制限を設けるかたちで経済的負担の軽減が図られています（高等学校等就学支援金制度）。

[*5]　もちろん，これだけでは具体的な義務の内容は確定しないため，下位法（教育基本法や学校教育法など）で教育条件整備義務（具体的には学校設置義務）の内実が具体的に示されている。
[*6]　結城忠『日本国憲法と義務教育』青山社，2012年，p. 44。
[*7]　フリースクール等については，本書第5章参照。

2 教育基本法

1 旧教育基本法の特徴

　憲法の精神に即した教育の目的や方針を示すものとして1947年に制定されたのが，旧教育基本法（以下，旧法）でした。その内容は，①平和や個人の尊厳・尊重，真理と正義，自主的・自発的精神など，憲法の精神を踏まえた教育の根本理念を明示した部分（第1条，第2条），②憲法第26条の条文を踏まえつつ，教育の機会均等の在り方について具体的な内容を示した部分（第3条～第5条），③教育の各分野において目指すべき理念とその実現に向けた国と地方公共団体の責務を示した部分（第6条～第9条），④教育行政の方針と法律としての位置づけを示した部分（第10条，第11条）の4つに分けることができます。特に，第10条については，戦前の教育行政が過度に中央集権化され，そのもとで国家主義的・軍国主義的な教育・思想・学問の統制がなされたことへの反省が「不当な支配に服することなく」の文言に込められていたことから[*8]，文部省（当時）の主導による全国一斉学力テスト（1961～64年実施）や，教科書検定において記述内容を理由に不合格とされた教科書が出るようになると，これらが国による教育内容への「不当な支配」にあたるかどうかが激しく争われました。この点については，旭川学力テスト事件最高裁判決（1976年）[*9]において示された「教育に対する行政権力の不当，不要の介入は排除されるべきであるとしても，許容される目的のために必要かつ合理的と認められるそれは，たとえ教育の内容及び方法に関するものであつても，必ずしも同条の禁止するところではないと解するのが，相当である」とする見解が有力なものとされています。その他の判例を見ると，教育委員会や校長の職務命令等に基づく不利益処分につ

[*8] 辻田力・田中二郎（監修）『教育基本法の解説』國立書院，1947年，p. 126。
[*9] 1961年に旭川市の中学校で全国一斉学力テストの実施を阻止しようとした教員等が公務執行妨害罪などで起訴された事件に関する最高裁判決のこと。同判決では，憲法第26条や教育基本法第10条に関する有力な見解が示された。

いては「不当な支配」にはあたらないが、学校法人の理事や地方議会の議員による特定の授業内容への介入などは「不当な支配」にあたると判断される傾向にあります。

2 新教育基本法の内容

　このように、教育全般に関する基本理念を示し、様々な論争を経ながら維持されてきた旧法でしたが、2000年代に入ると政権与党の強い意向のもとで改正が求められるようになり、教育改革国民会議による報告（2000年）や中央教育審議会「新しい時代にふさわしい教育基本法と教育振興基本計画の在り方について（答申）」（2003年3月20日）などを踏まえて、2006年12月に新教育基本法（以下、「新法」とする）が成立しました。主な改正点は以下の4点です。

　第一に、前文や第2条では、旧法の理念に加えて新たに「公共の精神」や「自然」「伝統」「文化」「我が国と郷土を愛する」などの文言が加えられました。これらは教育改革国民会議の段階から求められてきた「日本人としての自覚、アイデンティティ」の形成に向けた教育の要請を反映したものであり、憲法および旧法が克服することを目指した国家主義的教育への回帰につながる恐れがあるとして大きな論議を呼びました。こうした経緯から、第2条では、伝統や文化の尊重、国と郷土を愛することだけでなく、他国の尊重や国際社会の平和と発展に寄与することなどの理念も同時に強調されています。

　第二に、80年代以降の教育政策を牽引してきた生涯学習の理念（第3条）と、障害のある人々への教育機会の保障（第4条第2項）が、新たな教育理念として明示されました。生涯学習は、従来、社会教育と混同して理解されることもありましたが、第3条が示すように、特定の領域を示すものではなく、すべての国民が学びたい時にいつでも、どこでも学べる社会の構築を目指す理念として明示されています。また、障害のある人々への「教育上必要な支援」の内実については、障害者権利条約の理念を踏まえたインクルーシブ教育を実現する

---

*10　**教育改革国民会議**：2000年3月に当時の小渕恵三首相により設置された私的諮問機関。教育基本法の改正や奉仕活動の実施などが検討された。

方向で理解すべきことが求められています。

　第三に，旧法にはなかった大学（第7条），私立学校（第8条），家庭教育（第10条），幼児期の教育（第11条），学校・家庭・地域社会の連携（第13条），教育振興基本計画（第17条）などについて，新たに個別の条文が設けられました。特に，教育振興基本計画の条文が盛り込まれたことの意味は大きく，これによって教育基本法は教育の各領域に関する基本理念を示した法律（理念法）としての性格に加えて，教育に関する総合的かつ計画的な施策の根拠法（政策法）としての性格ももつことになりました。[*11]すでに，この計画の第1期（2008～12年），第2期（2013～17年）が終了し，本書の刊行時点では新たに第3期（2018～22年）の計画が実施されています。第3期では，「社会の持続的な発展」のための教育や，「生涯学び，活躍できる環境」の整備，「誰もが社会の担い手になるための学びのセーフティネット」などが方針として掲げられています。

　そして，第四に，教育行政に関する規定において，旧法第10条の「国民全体に対し直接に責任を負つて行われるべき」とする文言が削除され，新たに新法第16条では「この法律及び他の法律の定めるところにより」という文言が加えられました。この追加・変更の意味の背景としては，旧法における「直接に責任」の文言を根拠として，国による教育内容への関与の是非が争われてきた経緯を踏まえ，新法では削除されたものと考えられています。[*12]ただし，「不当な支配」の排除を要請する文言は引き継がれていますので，依然として国や上位機関による教育内容への関与は一定程度制限されていると考えられます。また，第2項以下では，国・地方公共団体それぞれの義務が明示されており，特に国に対しては「全国的な教育の機会均等と教育水準の維持向上」が求められていることが注目されます。

　このように，従来論争を呼んできた条文や文言に削除や修正が施されるとともに，新たに別の論争的な理念が目標化され，さらには旧法では視野に入って

＊11　佐々木幸寿「国家と教育法」篠原清昭（編著）『教育のための法学——子ども・親の権利を守る教育法』ミネルヴァ書房，2013年，p. 6。
＊12　坂田仰・河内祥子・黒川雅子『図解・表解教育法規——"確かにわかる"法規・制度の総合テキスト（新訂第3版）』教育開発研究所，2017年，p. 16。

いなかった教育の諸分野に関する条項が盛り込まれたことが，新法の基本的な特徴と言えるでしょう。

3 「教育の機会均等」の今日的課題と思想的展開

1 「教育の機会均等」をめぐる近年の政策課題

　これまでの説明から，憲法第26条および教育基本法の中心理念の一つは「教育の機会均等」であることがわかります。このことは，多くの教育条件整備に関する法律の第1条において「教育の機会均等」があげられていることにも表れています（例えば，公立義務教育諸学校の学級編制及び教職員定数の標準に関する法律や義務教育費国庫負担法，へき地教育振興法など）。こうした「教育の機会均等」理念に関わって，現在大きな政策課題となっているのが，貧困世帯の子どもや外国人の子どもへの教育機会保障です。

　まず，貧困世帯の子どもへの教育機会保障について，これが「子どもの貧困」をめぐる課題の一つとして注目されるようになったのは2000年代後半以降のことです。それまで，日本では貧困率に関する公式の統計は示されていませんでした。しかし，OECDによる加盟30か国の相対的貧困率（等価可処分所得[*13]の中央値の半分以下の世帯の割合）に関する調査（2008年公表）において，2000年代半ば頃の日本の貧困率が14.9％（加盟国中27位），子どもの貧困率が13.9％（加盟国中19位），一人親世帯の貧困率が58.7％（加盟国中最低）であったことが公表されると，大きな衝撃をもたらしました。これを受けて，厚生労働省は2009年より相対的貧困率および子どもの貧困率を発表するようになり，2012年の同調査では，子どもの貧困率が16.3％（6人に1人の割合），一人親世帯の貧困率が54.6％であるなど，さらに深刻化していることが明らかとなりました。[*14*15]

---

*13　**等価可処分所得**：世帯の可処分所得（収入から直接税と社会保険料を除いた，いわゆる「手取」の収入）を世帯人数の平方根で割って算出したもの。2016年の国民生活基礎調査では，等価可処分所得の中央値が244万円，その半分にあたる貧困線（貧困と認定される境界線）は122万円であった。

こうした状況を踏まえ，国会では議員立法により2013年に「子どもの貧困対策の推進に関する法律」が制定され，政府は教育の機会均等の理念（同法第1条）のもとで，貧困世帯の子どもおよび保護者を対象として教育支援，生活支援，就労支援，経済的支援を行うこととなりました。具体的施策としては，スクールソーシャルワーカーの配置の拡充や，地域住民の協力による学習支援事業（地域未来塾），子どもの生活・学習支援事業（居場所づくり），教育と福祉の連携による家庭教育支援事業（訪問型家庭教育支援）などが地方公共団体によって取り組まれています。

　次に，外国人の子どもについて，日本国政府は，保護者に就学義務はないものの，国際人権規約（A規約）第13条や，児童の権利に関する条約第28条などを根拠に，義務教育段階の公立学校への就学を希望する場合には日本人と同様に無償で受け入れるという方針をとっています。ただし，問題となるのは，来日したばかりで日本語の指導が必要な子どもたちの場合です。厚生労働省の調査[16]によると，2016年現在，日本語指導が必要な外国人の子どもの数は約3万4,000人にのぼり，2年間で約5,000人増加したとされています[17]。このうち，実際に日本語指導等を受けている者は約8割，「特別の教育課程」[18]による日本語指導を受けているものは約4割となっており，指導を行っていない理由としては指導者の不足が最も多くあげられています。「教育の機会均等」の観点からは当然，日本語を理解するための支援が必要となりますが，現在は充分に保障されているとは言えない状況にあります。

　両事例に共通して言えることは，誰もが通うことのできる学校を整備し，そ

---

*14　厚生労働省「平成25年国民生活基礎調査の概況」 https://www.mhlw.go.jp/toukei/saikin/hw/k-tyosa/k-tyosa13/dl/03.pdf（2018年9月18日閲覧）。
*15　なお，2016年の同調査では，子どもの貧困率は13.9％（7人に1人の割合），一人親世帯の貧困率は50.8％となっている。
*16　厚生労働省「日本語指導が必要な児童生徒の受入状況等に関する調査（平成28年度）」の結果について」 http://www.mext.go.jp/b_menu/houdou/29/06/__icsFiles/afieldfile/2017/06/21/1386753.pdf（2018年8月26日閲覧）。
*17　本調査では，公立小学校，中学校，高等学校，義務教育学校，中等教育学校および特別支援学校における児童生徒を対象としている。
*18　**特別の教育課程**：在籍学級以外の教室などで行われる特別の指導で，指導の目標および指導内容を明確にした指導計画を作成し，学習評価を実施するもの。

こに通う機会を開いたとしても，それだけでは「教育の機会均等」が保障されたことにはならないということです。というのも，これらの子どもたちの場合，自ら選び取ったわけではない保護者の経済状態や生得的・社会的条件（人種や民族，国籍など）によって，実質的に義務教育段階の学力を獲得する機会が大きく制限されているからです。すべての人々に「教育を受ける権利」が保障されている以上，他の子どもたちが公立学校に通うことによって得ているのと同等の利益を，これらの子どもたちに保障するための条件整備が求められます。先に見た子どもの貧困対策や外国人の子どもへの日本語指導などは，こうした観点からさらなる拡充が求められます。

2 「教育の機会均等」理念の再構築

貧困家庭の子どもや外国人の子どもに関わる以上のような対策は，「教育の機会均等」，言い換えれば教育機会の平等に関する形式論的解釈（法的・制度的に一律な扱いとしての平等）から補償論的解釈への深化と捉えることができます[19]。補償論とは，本人に責任のない要因で様々な差別や不利益を被っている人々に対して，その不利益を償うためにより多くの資源を再分配し，すべての人々が社会的要因に規定されることなく，自らの望む生き方を送れるようにすることを理想とする考え方です。こうした考え方の背景には，ロールズ（Rawls, J.）が提唱した「正義の二原理」のような考え方の広がりがあります。すなわち，すべての人々が等しい自由を享受できるような社会であること（第一原理），社会的地位の不平等が存在するとしても，それは誰にでも有利な立場につくチャンスが存在しており，有利な立場から得る利益は不利な立場にある人々の境遇の改善が伴う限りで認められること（第二原理）とする考え方[20]。アメリカでは，こうした考え方を背景として，貧困状態の子どもや英語を充分に話せな

---

[19] K. R. ハウ，大桃敏行・中村雅子・後藤武俊（訳）『教育の平等と正義』東信堂，2005年，pp. 44-48。
[20] 詳しくは，J. ロールズ，川本隆史・福間聡・神島裕子（訳）『正義論（改訂版）』紀伊國屋書店，2010年，pp. 402-403を参照。

い子どもたちを対象に，健康や栄養面の支援も含む就学前の教育支援が大規模に行われてきました（ヘッドスタート・プログラム）。

　ただし，近年では，こうした補償論的施策自体の限界も指摘されるようになっています。なぜなら，補償論的施策が既存の社会の権力関係を温存したまま差別や不利益を被っている人々に再分配を行おうとしており，差別や不利益を生み出す構造自体に踏み込んでいないとされるからです。また，教育のどのような機会が平等化されるべきなのか，その解釈の在り方自体が支配的文化によって規定されている可能性も指摘されています。このような批判を踏まえて，近年重視されつつあるのが教育機会の平等の参加論的解釈です[21]。これは，教育機会の中身や再分配のルールの決定過程に不利益や差別を被ってきた人々自身が参加し，その意見やニーズが反映されることを求める立場です。この立場に立つなら，ヘッドスタート・プログラムのように差別や不利益を補うという発想だけではなく，学校教育全体において，支配的集団の文化のみを反映した価値や知識の伝達は見直され，少数派の言語や文化を相対的に重視したものになることが要請されます。実際，アメリカではこうした観点に立ったカリキュラム改革が行われてきました。日本における外国人の子どもの場合で言えば，日本語指導の充実だけでなく，母語による学習機会の拡充や母国の文化を反映した教育内容作成も視野に入ってくるでしょう。また，貧困世帯の子どもの場合であれば，補償論的な支援，すなわち貧困による生活の厳しさを補うための食住支援（「子ども食堂」による居場所の提供など）の一方で，支援に伴って生じる「貧困世帯の子ども」という自己認識を捉え直し，社会の対等な形成者としての自己認識と参加能力の獲得を促していくことも求められるでしょう。このように，憲法・教育基本法が要請する「教育の機会均等」理念は，時代や社会の変化に応じてその内実を常に豊かに捉え直す必要があるのです。

---

*21　K. R. ハウ，大桃敏行・中村雅子・後藤武俊（訳）『教育の平等と正義』東信堂，2005年，pp. 48-51。

第16章　教育制度の法体系と原理

 まとめ

　現在，憲法第26条の「教育を受ける権利」とは，能力の多様性に応じた学習の機会がすべての国民に保障されることとして理解されています。特に子どもの場合には，その権利を確実に保障するため，国や地方公共団体に学校設置義務が課され，保護者には「教育を受けさせる義務」が課されています。教育基本法については，改正により新たな目標や条項が多数加わり，特に教育振興基本計画の条項によって，新たに政策法としての性格ももつようになりました。憲法・教育基本法の基本理念の一つは「教育の機会均等」ですが，現在，貧困家庭や外国人の子どもの場合にその実現が大きな課題となっており，その充分な保障のためにも「教育の機会均等」理念の深化と再構築が求められています。

 さらに学びたい人のために

○結城忠『日本国憲法と義務教育』青山社，2012年。
　　日本の義務教育制度が抱える課題，特に不登校児童生徒や外国人の子どもの「教育を受ける権利」の保障の在り方について深く学ぶことができます。

○姉崎洋一ほか（編）『ガイドブック教育法（新訂版）』三省堂，2015年。
　　現在の教育法制について，主要な法律の解説だけでなく，子どもの貧困などの具体的な事例に即した運用の在り方について学ぶことができます。

○K. R. ハウ，大桃敏行・中村雅子・後藤武俊（訳）『教育の平等と正義』東信堂，2005年。
　　アメリカにおける「教育の機会均等」に向けた政策展開と様々な学術的論争，その思想的背景について深く学ぶことができます。

○前川喜平・寺脇研『これからの日本，これからの教育』筑摩書房，2017年。
　　元文部科学省官僚の両者による対談を通して，80年代以降の教育政策の背景にあった意図や，今後の「教育を受ける権利」保障の方向性について学ぶことができます。

《監修者紹介》

汐見稔幸（しおみ　としゆき）
　　現　在　東京大学名誉教授。

奈須正裕（なす　まさひろ）
　　現　在　上智大学教授。

《執筆者紹介》（執筆順，担当章）

青木栄一（あおき　えいいち）はじめに
　　編著者紹介参照。

神林寿幸（かんばやし　としゆき）第1章
　　現　在　明星大学准教授。
　　主　著　『公立小・中学校教員の業務負担』（単著）大学教育出版，2017年。
　　　　　　『ひとりでも学べる教育の理念・思想・歴史』（共編著）八千代出版，2023年。

島田桂吾（しまだ　けいご）第2章
　　現　在　静岡大学准教授。
　　主　著　『教育委員会改革5つのポイント』（共著）学事出版，2014年。
　　　　　　『保育者論（MINERVA はじめて学ぶ保育）』（共著）ミネルヴァ書房，2019年。

井本佳宏（いもと　よしひろ）第3章
　　現　在　東北大学大学院准教授。
　　主　著　『日本における単線型学校体系の形成過程』（単著）東北大学出版会，2008年。
　　　　　　『システムとしての教育を探る』（共著）勁草書房，2011年。

小入羽秀敬（こにゅうば　ひでゆき）第4章
　　現　在　帝京大学准教授。
　　主　著　『Higher Education Governance in East Asia』（共著）Springer，2018年。
　　　　　　『私立学校政策の展開と地方財政』（単著）吉田書店，2019年。

雪丸武彦（ゆきまる　たけひこ）第5章
　　現　在　西南学院大学准教授。
　　主　著　『現代の学校を読み解く』（共著）春風社，2016年。
　　　　　　『教職員の多忙化と教育行政』（共著）福村出版，2020年。

合田哲雄（ごうだ　てつお）第6章
　　現　在　文化庁次長。
　　主　著　『学習指導要領の読み方・活かし方』（単著）教育開発研究所，2019年。
　　　　　　『学校の未来はここから始まる』（共著）教育開発研究所，2021年。

川上泰彦（かわかみ　やすひこ）第7章
　　現　在　兵庫教育大学大学院教授。
　　主　著　『公立学校の教員人事システム』（単著）学術出版会，2013年。
　　　　　　『教育の行政・政治・経営』（共著）放送大学教育振興会，2019年。

仲田康一（なかた　こういち）第8章
　　現　在　法政大学准教授。
　　主　著　『コミュニティ・スクールのポリティクス』（単著）勁草書房，2015年。
　　　　　　『学力工場の社会学』（監訳）明石書店，2020年。

廣谷貴明（ひろたに　たかあき）第9章
　　現　在　社会情報大学院大学専任講師。
　　主　著　『最新教育動向2021』（共著）明治図書出版，2020年。
　　　　　　『アメリカ教育例外主義の終焉』（共訳）東信堂，2021年。

村上純一（むらかみ　じゅんいち）第10章
　　現　在　文教大学准教授。
　　主　著　『教育現場に革新をもたらす自治体発カリキュラム改革』（共著）学事出版，2014年。
　　　　　　『教育課程論』（共著）教育開発研究所，2016年。

村上祐介（むらかみ　ゆうすけ）第11章
　　現　在　東京大学教授。
　　主　著　『教育行政の政治学』（単著）木鐸社，2011年。
　　　　　　『教育政策・行政の考え方』（共著）有斐閣，2020年。

大畠菜穂子（おおはた　なおこ）第12章
　　現　在　金沢星稜大学講師。
　　主　著　『教育委員会改革5つのポイント』（共著）学事出版，2014年。
　　　　　　『戦後日本の教育委員会』（単著）勁草書房，2015年。

橋野晶寛（はしの　あきひろ）第13章
　　現　在　東京大学大学院准教授。
　　主　著　『現代の教育費をめぐる政治と政策』（単著）大学教育出版，2016年。

阿内春生（あうち　はるお）第14章
　　現　在　横浜市立大学准教授。
　　主　著　『教育政策決定における地方議会の役割』（単著）早稲田大学出版部，2021年。
　　　　　　『基礎から学ぶ教育行政学・教育制度論』（編著）昭和堂，2024年。

荻原克男（おぎわら　よしお）第15章
　　現　在　北海学園大学教授。
　　主　著　『戦後日本の教育行政構造』（単著）勁草書房，1996年。

渡辺恵子（わたなべ　けいこ）第15章
　　現　在　武蔵野大学教授。
　　主　著　『地方政治と教育行財政改革』（共著）福村出版，2012年。
　　　　　　『国立大学職員の人事システム』（単著）東信堂，2018年。

後藤武俊（ごとう　たけとし）第16章
　　現　在　東北大学大学院准教授。
　　主　著　『生涯学習』（共著）東洋館出版社，2010年。
　　　　　　『アメリカ教育改革の最前線』（共著）学術出版会，2012年。

《編著者紹介》

青木栄一（あおき　えいいち）
　現　在　東北大学大学院教授。
　主　著　『地方分権と教育行政』（単著）勁草書房，2013年。
　　　　　『文部科学省』（単著）中央公論新社，2021年。

アクティベート教育学⑤
教育制度を支える教育行政

2019年4月30日　初版第1刷発行　　　　〈検印省略〉
2024年3月30日　初版第6刷発行
　　　　　　　　　　　　　　　　　　定価はカバーに
　　　　　　　　　　　　　　　　　　表示しています

　　　　　　　　　　　　汐　見　稔　幸
　　　監　修　者
　　　　　　　　　　　　奈　須　正　裕
　　　編　著　者　　　　青　木　栄　一
　　　発　行　者　　　　杉　田　啓　三
　　　印　刷　者　　　　江　戸　孝　典

　　　　　　　　　株式
　　　発行所　　　会社　ミネルヴァ書房
　　　　　　607-8494　京都市山科区日ノ岡堤谷町1
　　　　　　　　　　　電話代表　(075)581-5191
　　　　　　　　　　　振替口座　01020-0-8076

© 青木栄一ほか，2019　　　　　共同印刷工業・新生製本

ISBN978-4-623-08539-2
Printed in Japan

アクティベート教育学

汐見稔幸・奈須正裕　監修

A5判／美装カバー

1. 教育原理
   木村　元・汐見稔幸　編著
   本体2000円
2. 現代の教師論
   佐久間亜紀・佐伯　胖　編著
   本体2000円
3. 現代社会と教育
   酒井　朗　編著
   本体2000円
4. 教育経営
   天笠　茂　編著
5. 教育制度を支える教育行政
   青木栄一　編著
   本体2000円
6. 発達と学習の心理学
   松木健一・奈須正裕　編著
7. 特別支援教育
   廣瀬由美子・石塚謙二　編著
   本体2000円
8. 教育課程論
   澤田　稔　編著
9. 道徳教育の理論と実践
   上地完治　編著
   本体2000円
10. 総合的な学習の時間
    奈須正裕・田村　学　編著
11. 特別活動の理論と実践
    上岡　学・林　尚示　編著
    本体2000円
12. 教育の方法と技術
    江間史明・黒上晴夫・奈須正裕　編著
    本体2000円
13. 教育相談
    家近早苗・田村修一・石隈利紀　編著
14. 生徒指導・キャリア教育
    八並光俊・藤田晃之・石隈利紀　編著
15. 教職のための憲法
    斎藤一久・城野一憲　編著
    本体2000円

アクティベート保育学

汐見稔幸・大豆生田啓友　監修

A5判／美装カバー

1. 保育原理　汐見稔幸・無藤隆・大豆生田啓友　編著
2. 保育者論　大豆生田啓友・秋田喜代美・汐見稔幸　編著
3. 子ども理解と援助　大豆生田啓友・久保山茂樹・渡邉英則　編著
4. 保育・教育課程論　神長美津子・戸田雅美・三谷大紀　編著
5. 保育方法・指導法　北野幸子・那須信樹・大豆生田啓友　編著
6. 保育内容総論　大豆生田啓友・北野幸子・砂上史子　編著
7. 保育内容「健康」　河邉貴子・中村和彦・三谷大紀　編著
8. 保育内容「人間関係」　大豆生田啓友・岩田恵子・久保健太　編著
9. 保育内容「環境」　秋田喜代美・佐々木正人・大豆生田啓友　編著
10. 保育内容「言葉」　汐見稔幸・松井智子・三谷大紀　編著
11. 保育内容「表現」　岡本拡子・花原幹夫・汐見稔幸　編著
12. 保育・教育実習　矢藤誠慈郎・髙嶋景子・久保健太　編著
13. 乳児保育　遠藤利彦・髙嶋景子・汐見稔幸　編著
14. 障害児保育　榊原洋一・市川奈緒子・渡邉英則　編著

（2019年春より順次刊行）

ミネルヴァ書房

https://www.minervashobo.co.jp/